JAMES VAN PRAAGH

Alcanzando el Cielo

(REACHING TO HEAVEN)

Traducción:
EDITH ZILLI

EDITORIAL ATLANTIDA
BUENOS AIRES • MEXICO • SANTIAGO DE CHILE

Fotografía de tapa: Robert Mort/Tony Stone Images
Diseño de interior: Natalia Marano

Título original: REACHING TO HEAVEN
Copyright © Editorial Atlántida, 1999
Derechos reservados para México: Grupo Editorial Atlántida
Argentina de México S.A. de C.V. Derechos reservados para los restantes países del mundo de habla hispana: Editorial Atlántida S.A.
Primera edición publicada por EDITORIAL ATLANTIDA S.A.,
Azopardo 579, Buenos Aires, Argentina.
Hecho el depósito que marca la ley 11.723.
Libro de edición argentina.
Impreso en España. Printed in Spain. Esta edición se terminó de imprimir en el mes de julio de 1999 en los talleres gráficos
Rivadeneyra S.A., Madrid, España.

I.S.B.N. 950-08-2160-5

A Regina, mi madre,

cuyos ojos me han mostrado la belleza del cielo,
cuyas palabras me enseñaron el idioma de los ángeles,
cuyas canciones han compartido la música de los
coros celestiales y cuyo amor me ha acercado
al rostro de Dios.

Contenido

Agradecimientos

Este libro jamás se habría materializado sin la colaboración, la inspiración y el duro trabajo de las siguientes almas bondadosas, que pusieron mucho de sí mismas para ayudarme a atravesar la oscuridad, iluminando estas páginas con la luz dorada del cielo.

Para las miles de personas del mundo entero que me enviaron sus palabras de aliento y dolor, este libro es mi respuesta. Confío en que sus páginas les reconforten el corazón, brindándoles consuelo y apoyo junto con el conocimiento de que somos espíritu y el espíritu jamás muere. Que todos los miedos y desencantos se transformen en valentía y fortaleza.

A las personas cuyos relatos están registrados en este libro, gracias por compartir conmigo esos momentos sentidos. Deseo que, a través de sus experiencias de pesar y sufrimiento, otros se vean tocados por el mismo poder curador del espíritu.

Y específicamente a:

Linda Carwin Tomchin, quien ha dado realmente alas a mis palabras y suministrado tinta a mi pluma; agradezco al cielo que me enviara a un ángel tan hábil.

Brian Preston: tu amor, tu apoyo y paciencia me han enriquecido la vida, además de darme valiosas lecciones en cuanto a compartir. Gracias por tener siempre tiempo para acercarme una sonrisa gentil, una mano dispuesta a ayudar y una palabra amable.

Brian L. Weiss, que me ha acompañado en todas mis vidas con su amistad y su apoyo. Gracias por facilitarme la revelación de la verdad, a pesar de quienes emplean la ignorancia y el miedo para negarla. Ansío analizar los dilemas más profundos de la vida durante nuestro próximo desayuno.

Michael J. Tamura: gracias por recapturar mis partes ausentes con numerosas "afinaciones". Eres una verdadera inspiración.

Joseph Skeehan: aprecio de veras tu amistad, tu franqueza y confianza. Gracias por creer en mi misión y por acompañarme en el largo viaje hacia el cielo.

Ron Oyer: allá afuera hay un mundo grande. Gracias por acercar su belleza y su esplendor a tanta gente. Los lugares increíbles que has compartido con nosotros son tan sagrados como tú.

Scott Schwimer: estaré eternamente agradecido por esos mágicos ojos tuyos, que siempre me cuidan. Tu honradez, tu lealtad y tu amistad son para mí tesoros preciados.

A Suzanne, Karen, Carol, Jennifer, Helen, Bob y todos los de ICM, gracias por el profesionalismo con que cuidaron de cada detalle minucioso.

A Phyllis, Nicole y todos los de PR with a Purpose: ¡no hay quien trabaje más! Con su abnegación y amistad, con sus risas, traen alegría a mi vida.

Gracias a todos en Dutton por brindarme la oportunidad de abrir la mente y el corazón de tantas personas. Estas recompensas son mucho más grandes de lo que se podrá medir en la tierra.

Y para todos mis amigos de verdad, los que se mantienen a mi lado sin pedir otra cosa que amistad, gracias por no permitir que el fulgor de las luces arruinara su percepción, y por tener el valor y la fuerza de subir el peldaño siguiente.

Prefacio

Lo diré con un suspiro:
En algún punto, hace siglos,
Dos caminos se bifurcaron en un bosque, y yo...
Escogí el menos transitado,
Y eso lo ha cambiado todo.

—Robert Frost,
"The Road Not Taken"

Inicié mi viaje espiritual a principios de la década de 1980; por entonces no tenía idea de lo que descubriría ni de cómo podía utilizar mis recién descubiertas percepciones para la vida cotidiana. Nunca había planeado mudarme a Los Ángeles ni quería hacer carrera como médium. Pero cuando la puerta de los reinos espirituales se abrió de par en par y la crucé, sentí que el Universo me había convocado a mi destino. Pronto comprendí que mis dones de médium debían ser utilizados en el servicio al prójimo. Con ese conocimiento y la certidumbre además de que en el momento de la muerte cosecharemos las recompensas de nuestros pensamientos y acciones terrenales, supe que era posible alterar una vida para siempre. Estaba decidido a atravesar el abismo entre el mundo físico y el espiritual, divulgando el conocimiento recibido sobre una existencia espiritual mayor. Pensaba que, si pudiéramos aprender, de quienes están en el otro lado, a tratarnos mutuamente con dignidad y respeto mientras estamos en la Tierra, los corazones humanos despertarían a la bondad y la humanidad se vería libre de muchos sufrimientos.

Desde luego, no soy el primero en iniciar tal esfuerzo. Son muchos los que me han precedido y serán muchos los que me sigan. Honro a todos esos pioneros. Cuando uno tiene el valor de avanzar a grandes pasos, en contra de las creencias arraigadas en una sociedad, y presentar ideas que amenacen los paradigmas científicos, religiosos y políticos firmemente establecidos, a veces se requiere un gran sacrificio. En mi trabajo me he visto bendecido, pues la posibilidad de curar a otros y volver a despertar la mente a las verdades superiores pesa mucho más que cualquier sacrificio realizado por mí. Creo, en verdad, que cuando cada uno de nosotros se abre a su propia naturaleza espiritual, nuestras actitudes llenas de prejuicios y desconsideradas se pueden convertir en amor y respeto mutuo. En vez de oponernos los unos a los otros, podemos celebrar nuestras diferencias sabiendo que somos seres espirituales con una experiencia física común.

La iluminación espiritual no se alcanza agitando una varita mágica, recibiendo un par de clases o leyendo un libro. Tampoco se puede lograr mediante un plan de acción con fechas fijas. Cada alma llega a su propia verdad de un modo personal y único, a su debido tiempo. El alma no crece por la fuerza, pero el ser espiritual, como las flores, puede ser fertilizado y nutrido hasta que florezca.

Así como la aurora ofrece toda una paleta de colores y brinda a cada día una frescura y un carácter únicos, así también cada uno de nosotros puede brindar al día pureza de corazón. Cada amanecer es una oportunidad de alcanzar, descubrir, crecer, aprender y servir. Día a día se nos ofrece una posibilidad de expandir nuestra comprensión de otros seres, de nuevas ideas, de situaciones diversas y de una variedad de hechos. Cuando sepamos reconocer estas ricas experiencias y participemos de ellas, sean alegres o abrumadoras, podremos avanzar a través de los ciclos de la vida con una mayor perspectiva de nuestro brumoso ayer y cierta expectativa por nuestros mañanas. Cada amanecer podemos avanzar un paso hacia la comprensión de nuestra propia divinidad.

He escrito este libro como continuación de mi primera obra, *Hablando con el cielo*. Después de su publicación aparecí muchas veces por televisión y me vi asediado por solicitudes de información sobre el mundo espiritual. Como ya no me dedico a las sesiones individuales ni al asesoramiento, ideé este libro para que sirva de herramienta a todos: aquellos que ya están en el sendero espiritual y a aquellos para quienes las ideas espirituales son una novedad. A quienes ya marchan por un camino espiritual les ofrecerá algunos recordatorios y piedras de toque muy útiles. Para los que se aventuran a un mundo desconocido, espero que les ayude a abrir la mente y el corazón a las posibilidades de la vida eterna, tal como lo proclamaron aquellos que han compartido con nosotros el amor y el profundo esclarecimiento del otro lado.

El día de hoy es un nuevo amanecer y tu próximo paso en un viaje hacia adentro, hacia el alma eterna. Dentro del alma (muy dentro de ti) existe todo un mundo nuevo de curación y esperanza, de confianza y verdad. Para llegar a él debes viajar por el camino menos transitado: el que lleva al reino de uno mismo, a la independencia y la autoridad, hacia la grandeza que eres tú. Con cada paso que avances en ese camino estarás *alcanzando el cielo*.

PRIMERA PARTE

El viaje

1

En el comienzo

Pero ¡oh, el barco, el barco inmortal!
¡Oh, barco a bordo del barco!
Barco del cuerpo, barco del alma,
viajando, siempre viajando.
                    —Walt Whitman
            "Aboard At A Ship's Helm"

"¿De dónde vengo?" ¿Cuántas veces has pensado en tu existencia? ¿Hallaste una explicación satisfactoria a la pregunta? A lo largo de los siglos, filósofos, científicos, eruditos y maestros religiosos han tratado de dar respuestas satisfactorias a la cuestión de la existencia. Desde hace siglos los peregrinos viajan miles de kilómetros, por montañas nevadas y traicioneras, para asistir a una audiencia con algún lama santo, con la esperanza de descubrir los secretos de la vida. Otros buscan el sentido en las galaxias o en el laboratorio. En la actualidad somos muchos los que buscamos esas respuestas en iglesias, sinagogas y mezquitas, confiando en que nuestros sacerdotes, rabinos y ministros nos proporcionen esas revelaciones.

No obstante, creo que las respuestas están dentro de cada uno, en esa parte invisible e indefinida llamada alma. El alma es nuestro núcleo espiritual, la chispa divina interior que fue, es y siempre será. Ha recorrido el universo entero, a través de eones de tiempo, registrando en ella las lecciones de una existencia sin fin. Es la quintaesencia de lo que somos.

Por desgracia, somos muy pocos los que sabemos beber en esa luz que arde con tanto fulgor dentro de nosotros. ¿Es posible que hayamos olvidado algo tan profundo? ¿Acaso nos hemos distraído, vagando en un laberinto, convalidando nuestra existencia y calculando nuestro valor por medio de enfermizos condicionamientos familiares y valores sociales distorsionados? Para revincularnos con nuestro verdadero yo es preciso escapar de ese laberinto de expectativas externas. Debemos darnos la vuelta hacia adentro, a fin de escuchar la voz de Dios, una voz que, una vez comprendida, da sentido a la vida. Debemos recobrar nuestra "sensación del alma".

Con eso presente, he escrito este libro como si fuera una especie de "retrato" del alma en su viaje por la vida, la muerte y el renacimiento. En la primera parte explico lo que significa ser espiritual, ser un alma que vive una existencia física, y de qué modo la mente crea sus experiencias. Analizaremos las diversas capas del alma y de qué modo estas partes contienen un registro de todas sus existencias a través del tiempo. El viaje continúa mediante el proceso de la muerte. Explicaré qué sucede cuando morimos, adónde va el alma y qué planos de existencia es posible encontrar en el mundo espiritual, que varían de un individuo a otro. Mi propósito es demostrar que la muerte es indolora y natural, nada que debamos temer.

Cuando pasamos al otro lado, nos reciben seres amados y guías espirituales que han estado con nosotros en muchos viajes. En el mundo espiritual cada alma escoge lo que desea experimentar. Cuando hayamos alcanzado la plenitud de nuestros sueños y deseos, cuando estemos motivados con el gozo y la inspiración de los reinos más elevados, tomaremos la decisión de retornar a la Tierra para vivir una vez más. Al nacer no ingresamos en el mundo físico con las manos vacías: traemos con nosotros la sabiduría de la eternidad, contenida en la memoria del alma. Tampoco volvemos solos: siempre hay cerca espíritus celestiales.

Los mensajes del espíritu que constituyen la segunda sección de este libro te animan a examinar esos aspectos de ti mismo que te mantienen atado a las ilusiones terrenales y no permiten que tomes conciencia de tu vínculo con la divinidad interior. Como verás, los bloqueos emocionales estancan el crecimiento espiritual y nos dificultan el viaje por la vida. Al leer las pruebas y tribulaciones de otros, quizá descubras los conflictos interiores que te impiden abrazar plenamente la vida. Tal vez el consejo de los que están en el otro lado te ayude a aliviar los miedos y te incite a curar las heridas emocionales.

En la última parte del libro hago sugerencias que te ayudarán a hacerte cargo de tu viaje por la vida. Hay meditaciones destinadas a alcanzar la claridad mental y recomendaciones para fomentar los valores espirituales en los niños, a fin de equiparlos debidamente para manejar los vaivenes de la vida. Por último ofrezco las llaves para abrir la puerta de tu yo espiritual, con el objeto de que recuerdes quién eres.

Cuando restablecemos el contacto con el alma, nuestras prioridades cambian. Descubrimos —como en mi caso— que todas las respuestas están dentro de uno mismo, a la espera de ser reveladas. Cuando abramos la puerta al infinito, hallaremos que todos estamos entretejidos en un tapiz llamado vida. A través del ciclo de vida, muerte y renacimiento, descubrimos quiénes somos y por qué estamos aquí.

ABRIR LA PUERTA

Cuando doy una clase sobre desarrollo psíquico o sobre las facultades de médium, siempre explico que es como hacer un viaje a una ciudad extranjera: Roma, por ejemplo. Para llegar a Roma reservamos billete, preparamos las maletas, vamos al aeropuerto, buscamos nuestro asiento en el avión y nos ponemos cómodos. Si no conocemos el idioma, conviene llevar un libro de frases en italiano que nos ayude a comunicarnos. También es conveniente conseguir una guía turística o inscribirnos en un viaje organi-

zado con alguien especializado, para tener la seguridad de ver todos los lugares famosos e históricos.

De igual modo debes prepararte para el viaje
hacia tu alma. El primer paso consiste en cerrarte al
mundo exterior de juicios y racionalizaciones, para
comenzar a sintonizar con el mundo interior de la
conciencia. Es por eso que monasterios y conven-
tos aíslan a los individuos desde hace siglos. Si se
los aparta de la sociedad, no serán contaminados
por influencias exteriores. De ese modo pueden
mantenerse puros y receptivos a una conciencia superior.

Pero ¿cómo hacer lo mismo cuando se nos bom-
bardea todo el tiempo con estímulos externos? Día a
día no podemos dejar de oír las últimas noticias de
violencia, destrucción y enfermedades, los cotilleos
sobre estrellas de cine y líderes políticos. Nos
preocupamos por la economía, por los ahorros que
nos permitan jubilarnos. Nuestra conciencia gira
únicamente en torno a los acontecimientos de una
desasosegada existencia física. Pelear con los desafíos
que nos presenta la vida nos mantiene tan ocupados
que no tenemos tiempo para tranquilizar la mente y
reconocernos como espíritus en el camino personal
hacia la iluminación.

Para iniciar el viaje debes sintonizar con un
mundo interior. La visualización que presento a continuación te ayudará a lograrlo. Después de haber
leído los párrafos siguientes, deja el libro y visualiza
el contenido. La mejor manera de hacerlo es cerran-

do los ojos, para cerrarte así a las distracciones exteriores y poder concentrarte en lo interior.

MEDITACIÓN

Cuando cierres los ojos, quiero que cobres conciencia de tus sentidos. Reconoce todo lo que sucede a tu alrededor. Puedes oír el ruido del tráfico, las voces de tus vecinos o el sonido de un televisor a volumen excesivo. Trata de que esas distracciones no te molesten. No debes juzgarlas: deja que sean lo que son. Ahora debes concentrar la mente para tomar conciencia de tu cuerpo. Percibe la espalda contra la silla; percibe tus brazos, las piernas y el torso. Concéntrate en cada parte del cuerpo. Percibe lo que sienten tus pies en el suelo o dentro de los zapatos, qué sensación te causa la ropa contra el cuerpo. ¿Alguna prenda está demasiado ajustada? Limítate a observarla sin tratar de modificar nada. Déjalo así.

Ahora aspira hondo y suelta el aire poco a poco. Debes tomar conciencia del aliento. Al inspirar, piensa que estás absorbiendo oxígeno. El cuerpo físico requiere de oxígeno para sustentar la vida en este planeta. Dondequiera que estemos, nos rodean moléculas de oxígeno. Cuando las introduzcas en tus pulmones, imagina que fortalecen cada parte de tu cuerpo. Mientras exhalas, visualiza el aire viejo y rancio que abandona el cuerpo. Su trabajo está cumplido y ya no hace falta. La próxima vez que absorbas oxígeno, visualízalo como energía. Puedes imaginarla como polvo de estrellas, copos de nieve o cualquier otra imagen que te ayude a dar vida a esa idea de la energía. Cuando veas tu imagen, empieza a concentrarte en ella. A su debido tiempo, imagina que esa energía circula dentro y fuera de tu cuerpo.

Mientras la visualizas, imagina que impregna todas las formas de vida en todas las regiones del mundo: tanto a una madre que acuna a su bebé en el África como a un sacerdote que reza el rosario en el Vaticano. Visualiza cómo fluye por un caballo purasangre en la línea de llegada y en un millón de hormigas que construyen una colonia subterránea bajo tu casa. La energía es informe y se encuentra en todas partes. Nada la limita; lo abarca todo. No responde a ninguna religión, nacionalidad, sistema de creencias, intelecto o clase económica en especial. Se integra con todo. Piensa en eso. Eres parte de esa energía y uno con el todo, por muy diferente que te consideres. Aunque no veas el oxígeno, la energía de la vida, está aquí y allá al mismo tiempo.

Mientras sigues leyendo, ten siempre presente esta reciente noción de compartir una misma fuente con todo. Mediante este sencillo ejercicio has empezado a concentrar la mente en el concepto de tu unidad con todo lo que existe. Esta energía es una parte vital de tu vida y tu vinculación espiritual con todo lo existente.

2

Para despertar tu mente

Son hacedores de sí mismos en virtud de los
pensamientos que escogen y fomentan; que la
mente es el maestro tejedor, tanto de la prenda
interior del carácter como de la prenda exterior
de las circunstancias, y que, si hasta ahora han
tejido en la ignorancia y el dolor, ahora pueden
hacerlo en la iluminación y la felicidad.

—James Allen,
As a Man Thinketh

Todo es energía. La ciencia describe la energía
y su funcionamiento en términos físicos, ba-
sándose en elementos terrenales: cómo se
agrupan determinadas disposiciones de átomos. Pero es en un plano superior, en la cuarta dimensión o
dimensión espiritual, donde encontramos la fuerza
que en verdad une a los átomos. Esta energía es lo
que denomino energía de la Fuerza Dios.

Todo nuestro universo está impregnado por esa
Fuerza Dios. De ella estamos hechos y de ella prove-
nimos.

*La energía de la Fuerza Dios es el centro
de todo lo que existe.*

La mente, el espíritu y el cuerpo físico están compuestos por igual de la misma energía que la Fuerza Dios; no obstante, cada uno vibra en una frecuencia distinta. Cuando se me pregunta si la mente es parte del cerebro, digo que éste es el órgano de aquélla, tal como los ojos son el órgano de la visión. Tenemos buena vista en la medida en que nuestros ojos estén sanos. Lo mismo puede decirse de la mente y el cerebro: el cerebro es orgánico, personal e individual. El cerebro está en constante evolución; a cada uno le incumbe desarrollar e incrementar su potencia. La mente, en cambio, ya es perfecta. Tal como la describe Emerson:

> *La mente es un mar etéreo que fluye y mengua, avanza y se retira, y acarrea toda su virtud hasta cada arroyo y cada ensenada que bañe. Todo ser humano tiene puerto en este mar. Pero esa naturaleza creadora de fuerza, que visita a quien desea y abandona a quien desea, no es derecho ni propiedad de ningún hombre, de ningún ángel. Es como la luz: pública y entera para cada uno, y bajo las mismas condiciones.*

La mente parece ser la ventana a la naturaleza misma. Puede crear, imaginar y razonar. Cuando aprovechamos su energía positiva, los resultados son increíbles. Tomemos la literatura o la pintura, por ejemplo. Los escritores y los artistas comienzan con una idea para un cuento o un cuadro; luego la transforman en papel o en tela. ¿Cómo llega hasta allí? El

cerebro sólo puede desarrollar lo que se le
suministra, al igual que las computadoras. Pero la
mente es una fuente que va más allá de nuestro
cerebro-computadora. Está vinculada con la energía
de la Fuerza Dios, que abarca todas las cosas.
Cuando pensamos en cómo componía Mozart una
ópera o un concierto para piano, lo imaginamos sintonizado a alguna orquesta celestial. Mientras
escuchaba la música en su mente, utilizaba el cerebro
para apuntar las notas. El cerebro era el conducto por
el cual podía componer, pero era su mente la que
creaba tal riqueza musical.

Al comprender que la fuente de las ideas no es el
cerebro, sino la mente, también debemos comprender que cada mente individual está conectada con la
Mente Universal y comparte su sustancia.

LA MENTE UNIVERSAL

Cuando pienso en el concepto de Mente Universal
me resulta más fácil imaginarla como un enorme lago
traslúcido, impresionante y tranquilo. Imagino la
mente individual como un pez que nada en ese lago.
El pez mantiene una interdependencia con el ambiente que habita y se ve afectado por él. Los
pensamientos son como ondas en el agua. Cada onda
se origina dentro del lago y forma parte del agua, pero
cada una es también distinta e individual. Cada onda
afecta a cada pez y, por lo tanto, a todo el lago.

La Mente Universal no tiene límites ni limitaciones; cualquiera puede utilizarla. Quizás alguna vez, al mirar un programa de televisión, hayas pensado: "El año pasado tuve esa misma idea". Con mucha frecuencia dos personas parecen crear de manera independiente el mismo diseño o la misma idea. ¿Por qué? Porque el que creó bebió en la Mente Universal y trajo esa inspiración a su mente individual. Las ideas son meras sensaciones impresas muy dentro de ti. Una vez que se cobra conciencia de ellas se puede iniciar la acción. En otras palabras: nuestras ideas geniales son vibraciones de la Mente Universal.

Cuando vine a Los Ángeles, mi objetivo era convertirme en libretista para el cine y la televisión. Recuerdo que una mañana desperté con una idea increíble para un libreto. Me pareció muy original y dotada de gran encanto. De inmediato me senté ante el ordenador y empecé a escribir. Mi relato se basaba en un libro infantil cuyos personajes surgían a la vida e interactuaban con el autor. Me parecía tan fuera de lo común que no me atreví a comentarlo con nadie, ni siquiera con mis amigos. No quería que alguien me robara la idea. Terminé el libreto en tres meses y lo envié a diversos estudios. De todos recibí la misma reacción: se me dijo que había otros tres libretos con idéntico argumento. Quedé destrozado. Mi originalísima idea, que tanto me había esmerado en ocultar, había prendido en la mente de tres personas completamente desconocidas.

Esta coincidencia de ideas entre nosotros es tan

auténtica como el aire que respiramos y el sol que nos calienta. En el plano global, todos compartimos un mismo sentimiento o sensación. ¿Cómo nos sentimos todos cuando murió la princesa Diana? Un manto de tristeza pareció cubrir al mundo entero. Aunque la gran mayoría nunca la conoció personalmente, en el plano del alma podíamos compartir el dolor y empatizar con la pérdida, porque todos estamos interconectados. Así como sobre todos brilla el mismo sol, todos compartimos una unión, algo comunitario. Compartimos los sentidos: vemos, oímos, tocamos, reímos y lloramos. Todos compartimos la energía de la Fuerza Dios. ¿No sería el mundo un lugar mejor si aprendiéramos a considerarnos mutuamente como seres espirituales, si compartiéramos nuestros senderos terrenales con bondad y apoyo?

LOS PENSAMIENTOS QUE CREAMOS

¡Los pensamientos son cosas! Son tan reales como los órganos de tu cuerpo. ¿Qué clase de pensamientos pueblan tu día? ¿Son cordiales o te hacen daño? En ellos hay poder; por eso es importante que prestes atención a lo que piensas día a día. La existencia que estás viviendo es resultado de lo que piensas.

La ciencia atribuye a ciertos patrones de neuronas, dentro del cerebro, la formación de determinadas maneras de pensar y racionalizar. Sí, es cierto. En determinadas zonas del cerebro se produce una actividad eléctrica que afecta a nuestra labor. Sin embargo, la verdad es que el pensamiento no se origina en el cerebro, en absoluto. Nunca decimos: "Me vino algo al cerebro". Antes bien, decimos: "Me vino algo a la mente". El pensamiento es una función de la mente y el resultado final se encuentra en el cerebro.

Básicamente hay tres fuentes de pensamiento. La primera, aunque fácil para algunos, es más difícil para otros. Se trata del pensamiento a través de la oración o la meditación silenciosa. Estos pensamientos de energía tienen una vibración bastante alta. El primer paso para ajustar la conciencia a esta frecuencia de energía superior es habituarse a reservar tiempo, todos los días, para orar y meditar. Aunque muchas veces parezca que no sucede nada, con el tiempo descubrirás que esta práctica espiritual ofrece grandes recompensas. Creo que la toma de conciencia en este plano crea una sensación de humildad, calma, gozo y amor por uno mismo.

En los años que dediqué a prepararme como médium, era un imperativo meditar diariamente. Al alinearme con esta conciencia de la Fuerza Dios, mi vínculo con las dimensiones espirituales se realzaba y aumentaba su vibración. No obstante, era menester sentarme con paciencia en silencio, todos los días, para elevar el nivel de mi captación de la energía de la Fuerza Dios dentro de mí. Más adelante, en las sesiones con mis clientes, operaba desde una vibración de amor muy elevada. La facultad para ser médium en sí es una capacidad increíble y milagrosa, pero la obra adquiere un propósito completamente nuevo cuando el médium se está desarrollando también en un plano espiritual.

Las cosas similares se atraen mutuamente.

Éste es un concepto que utilizo con frecuencia y al que me referiré varias veces en este libro. Cuando una persona está centrada y tiene pensamientos de amor, paz y abundancia, recibirá a cambio las experiencias que corresponden a esos pensamientos. Detengámonos por un momento a imaginar que todo el mundo tuviera buenos pensamientos. Es estremecedor, ¿no?

Como médium que recorre un camino espiritual, para mí es importantísimo dedicar tiempo a la meditación y concentrar mis pensamientos en los aspectos positivos de la vida. Creo que por eso los mensajes que llegan a través de mí son más espirituales y más exactos; además, las lecciones que encierran esas comunicaciones resultan más beneficiosas para todos los involucrados.

La segunda categoría de pensamiento proviene de nuestro medio. Debemos tener en cuenta la gran influencia que el medio tiene en nuestra vida cotidiana. ¿Cuántas veces, al entrar en una habitación, has percibido que algo estaba mal? ¿Cuántas te sentiste deprimido o descompuesto sin motivo aparente? El motivo es que estás captando la energía de los pensamientos de otra persona.

Siempre he tenido que poner cuidado al visitar a gente internada en hospitales, pues soy muy sensible a los sentimientos ajenos. A menudo, al caminar por los corredores de un hospital, los gritos de los pacientes entran en mi mente: "Quiero salir de aquí", "No quiero morir", "Estoy dolorido; por favor, que alguien me auxilie". La atmósfera está impregnada de enfermedad y sufrimiento; a veces eso me abruma.

Como una estación de radio, emitimos y recibimos señales de manera constante. No sólo recibimos estas señales de uno a otro, sino también, en una escala mucho mayor, nos vemos rodeados e influenciados por las señales de la conciencia masiva. Aunque algunos de estos pensamientos pueden ser bastante bondadosos y humanos, en su mayoría son mensajes de codicia, ira, egoísmo y deshonestidad, que se ven atraídos por las partes más bajas de nuestra naturaleza y se adhieren a ellas. Con este bombardeo constante de influencias de conciencia inferior, las ideas más elevadas de tipo espiritual tienen poca atracción general.

Esto no significa, necesariamente, que todos los pensamientos recibidos de otros sean de tipo negativo. La oración curativa y el amor son vibraciones de pensamiento más elevadas y también se reflejan en la atmósfera que te rodea. Cuando proyectas amor, alguien lo recibe; aunque no lo detecte en el plano consciente, está muy vivo y tiene gran efectividad.

El último grupo se compone de los pensamientos más comunes, los de todos los días. Desde Sigmund Freud en adelante, psiquiatras y psicólogos descomponen la conciencia en tres planos de pensamiento separados, pero interdependientes: el consciente, el subconsciente y el inconsciente. La mente consciente es la que empleamos para contar el cambio en el mercado y para leer este libro. La mente subconsciente controla todos los procesos involuntarios del cuerpo, es decir: la regulación del sueño, la respiración, la digestión, la circulación, etcétera; nunca duerme y, por lo tanto, nunca cesa. La mente inconsciente es imperceptible y amplia; constituye el depósito de todas las experiencias pasadas e incluye todo lo que hayamos pensado, sentido, aprendido o presenciado desde el pasado hasta el presente.

Sin embargo, es la mente subconsciente la que maneja nuestra vida la mayor parte del tiempo. Es como una abnegada maquinaria de fábrica, responsable de regenerar las células que curan el cuerpo. Esta parte de la mente no razona ni racionaliza (ese trabajo corresponde a la mente consciente); en cambio, opera incansablemente registrando pensamientos e impresiones sin juzgarlos. Cuando éramos niños, nuestra mente subconsciente registró las palabras y las ideas de los adultos que nos rodeaban; estos recuerdos están muy vivos dentro de nosotros. Los hábitos, entre otras cosas, surgen de pensamientos subconscientes. A fin de tener control sobre tu vida, debes hacerte cargo de tu modo de pensar, tanto en el nivel consciente como en el subconsciente. Hay una gran sabiduría en tu mente subconsciente. Trabajar en eso puede ser sumamente beneficioso y te servirá como inagotable reserva de conocimientos.

A través de la mente se pueden lograr miles de grandes descubrimientos e invenciones que aportan grandes beneficios a la especie humana. Cuando se la utiliza de manera positiva, la mente humana es fuente de grandes obras de arte, filosofía y ciencia, que realmente mejoran la calidad de vida en el planeta. Pero la mente que crea esas asombrosas maravillas también tiene la facultad de destruir y aniquilar. Puede imponer formas terribles de crueldad y odio. Cada uno tiene ante sí mismo la obligación de elevar sus pensamientos a la frecuencia más alta, a fin de evolucionar a una conciencia superior y llevar los esplendores y milagros de la vida a generaciones futuras.

James Allen, un gran maestro, escribió un libro innovador titulado *As a Man Thinketh*, que recomiendo como ayuda para iniciar cambios en los patrones de pensamiento. Allen dice:

El hombre se hace o se destruye solo... en la herrería del pensamiento forja las armas con las cuales se aniquila; también crea las herramientas con las que construye para sí celestiales mansiones de gozo, fortaleza y paz. Mediante las elecciones correctas y la

*aplicación fiel del pensamiento, el hombre asciende a
la Perfección Divina; mediante el abuso y la mala
aplicación del pensamiento, desciende por debajo de
las bestias. Entre estos dos extremos caben todos los
grados del carácter, y de ellos el hombre es hacedor y
amo.*

3

Para conocerte

Pero lo atemporal en ti sabe de la atemporalidad de
la vida,
y sabe que el ayer no es sino la memoria del hoy
y el mañana, el sueño del hoy.
Y eso que canta y contempla en ti mora aún entre
los límites de ese primer momento que diseminó las
estrellas por el espacio.

—Kahlil Gibran,
El profeta

¿Qué sabe uno, en verdad, de sí mismo? El cuerpo físico es fácil de percibir, desde luego; también estamos bien familiarizados con el dominio de la mente y el pensamiento que exploramos en el capítulo anterior. Más allá de estos reinos se extiende un aspecto más misterioso de nuestro ser: la naturaleza espiritual. En esta etapa del viaje es importante mantener la puerta abierta a todos los sentidos, incluida la intuición o brújula interior.

Para empezar, quiero introducirte a parte del lenguaje del reino del espíritu, los diversos "cuerpos del hombre" que hacen de ti un individuo único. Estos cuerpos son capas invisibles del espectro del alma y están incluidos en el "aura". Se puede considerar el aura como un mapa de las energías y experiencias espirituales, emocionales, mentales y físicas. Quizá sea lo más parecido a la exteriorización del alma que podamos observar.

EL AURA

Cuando era pequeño (a los seis o siete años, quizá), recuerdo haber dicho a mi madre que veía "luces" en torno de la gente. Mi madre se limitó a sonreírme y siguió alegremente con lo suyo. Yo ignoraba qué eran esas luces y creía que todo el mundo podía verlas. Las había de diversos colores: azules, rosados, verdes, amarillos, rojos, etcétera. Recuerdo que me encantaba ir con mi madre a cierto comercio, porque el hombre que atendía el mostrador siempre estaba rodeado de luces muy bonitas. Yo me quedaba observando ese hermoso arco iris de azules mezclados con púrpura y rosado. El hombre tenía una sonrisa enorme y siempre estaba haciendo bromas a sus clientes. Supongo que el hombre de las luces se me quedó grabado porque siempre me regalaba un caramelo antes de que abandonáramos la tienda.

Cuando a casa venían parientes de visita, mis experiencias eran similares. Observaba los colores y las luces que rodeaban a todos y decía algo así como: "Ese hombre es verde", o: "Esa señora tiene muchas luces pardas en derredor". Nadie prestaba mucha atención a esos comentarios, como no fuera para decir: "Qué encanto eres", o "¿Verdad que es dulce?".

También noté que la señora de las luces pardas no sonreía mucho. Más adelante mi madre me confiaría: "La señora de las luces pardas está muy enferma". Pero casi todos eran cariñosos; me abrazaban y me daban muchos besos. Y yo veía luces de color rosado intenso en derredor de ellos.

Al crecer, mi facultad de ver luces en torno a la gente desapareció poco a poco; sólo se presentaba ocasionalmente. Pero hubo una oportunidad en particular que jamás olvidaré. Cuando tenía cerca de ocho años, decidí ir con algunos amigos a la tienda de comida preparada de la zona para comprar algo. Pagamos y salimos de prisa. Yo fui el último. En el momento de salir por la puerta, un hombre alto chocó conmigo, sin haberme visto. Levanté la vista y sus ojos me atravesaron como rayos láser a una pared de ladrillos. De pronto noté una nube negra y gris, brumosa, que le rodeaba la coronilla y el pecho. Tres días después volví a verlo, esta vez en el diario: la policía lo había arrestado por asaltar la tienda. Esa noticia me dio un buen susto. Aun así, sólo mucho después comprendí lo que significaban esas luces.

El aura está compuesta por capas de energía. En mi niñez, yo rezaba todas las noches de invierno pidiendo que nevara, pues eso significaba pasar el día jugando. Todas las mañanas, al despertar, corría a la ventana para ver si mis oraciones habían recibido respuesta. Si así era, me costaba contenerme para no correr al exterior. Pero antes de dejarme salir mi madre iniciaba el largo y arduo proceso de envolverme en capas de ropa. Primero me ponía la camiseta; luego, una camisa de mangas largas; después, un suéter abultado y, finalmente, el abrigo. Esas capas de ropa tenían como fin protegerme del frío. Así también los estratos del aura cumplen la finalidad de registrar todas nuestras experiencias, sensaciones, pensamientos y deseos.

Esta idea del aura, energía vital que emana del cuerpo y lo rodea, no es una novedad. Uno de los primeros occidentales que la observó y escribió sobre ella fue un alquimista y sanador del siglo XVI, conocido como Paracelso. Él se refería a nuestro campo de energía como "globo inflamable". En el siglo XVIII, el físico austríaco Franz Anton Mesmer definió el magnetismo animal como energía electromagnética que rodea al cuerpo humano. Él creía que esta energía electromagnética tenía un efecto asombroso en la salud física y que se podía transmitir de una persona a otra. En este siglo, el doctor Walter J. Kilner, médico londinense, inventó una máquina hecha de dicianina (una tintura derivada del alquitrán mineral) que se utilizaba para observar la luz ultravioleta. Con esta máquina Kilner notó que había una luz alrededor del cuerpo humano. Con el correr del tiempo concibió la idea de que, si se estudiaba esa luz, se podían diagnosticar las enfermedades físicas de una persona. En 1911 se publicaron las investigaciones del doctor Kilner, en un libro titulado *The Human Aura*. En 1939, el electricista ruso Senyon Davidovich Kirlian presentó un proceso fotográfico

nece ceñida al cuerpo físico. Asimismo, el aura se expande y crece cuando estamos en un ambiente que nos agrada. Más aún: he visto la de una persona en el momento previo a la muerte; tiende a ser muy débil, como una línea dibujada en torno del cuerpo. Esto tiene sentido, pues en el momento de la muerte física el aura se retira.

Colores

Cuando veo auras, a menudo veo colores. Uno de los más claros y comunes es el verde. Muchas veces, durante una demostración, he preguntado a una persona cuya aura estaba llena de verde: "¿Usted es médico o trabaja con enfermos?". La respuesta suele ser afirmativa. La mayoría de quienes se dedican al arte de curar tienen el aura verde intenso, curativo. Tengamos en cuenta que, al hablar del arte de curar, no nos referimos sólo a médicos y a enfermeras, sino también a todo individuo dotado de empatía y receptividad ante quien necesite ayuda.

Los colores del aura varían en cada individuo. La intensidad, el matiz y el tono de los colores cambia muy por encima de lo que vemos en el mundo físico. La intensidad del color está directamente asociada con la intensidad de la emoción que se esconde tras él. Los colores suelen variar a diario. He aquí algunas de las características principales de los colores del aura:

Rojo: Energía, fuerza vital y vigor. Preponderancia de lo físico, cólera, hiperactividad, ira profunda. Sexualidad.

Anaranjado: Autoestima, orgullo y seriedad. Ambición, autodominio.

Amarillo: Intelectual, consciente, optimista y alegre. Indecisión.

Verde: Compasión, curación; carácter apacible, prosperidad y simpatía.

Azul: Espiritualidad, devoción, lealtad, pensamientos filosóficos y creatividad.

Violáceo: Amor, elevada espiritualidad, intuición y sabiduría.

Añil: Aspiración espiritual; benevolencia, gran intuición.

Rosado: Amor incondicional, amistad y sinceridad.

Gris: Depresión, tristeza, miedo y cansancio.

Pardo: Codicia, egocentrismo, obstinación. Practicidad.

Negro: Falto de energía vital, influencias inferiores, ignorancia.

Vidas pasadas y recuerdos

Al observar un aura noto también que tiende a componerse de diminutos patrones y diseños geométricos. Estos patrones se pueden interpretar como formas cognitivas y reflejan los pensamientos del individuo: los actuales o los del pasado. En otras palabras: las cicatrices emocionales pasadas se reflejan en los diseños del aura, junto con los deseos aún no realizados o los deseos del pasado. A lo largo de los años he observado que estos deseos aparecen en la parte superior derecha del aura. Esta zona se vincula con el aspecto mental del individuo; allí es donde se almacenan los deseos y los objetivos.

Más aún: el aura da cuerpo a la acumulación de karma de encarnaciones anteriores y las lecciones kármicas que nos esforzaremos por dominar en nuestra existencia actual. Todo esto compone la verdadera esencia de una persona. En mi primer libro analicé en detalle la idea del karma. Aquí, para mayor claridad, bastará decir que karma es el concepto de causa y efecto.

En una de mis odiseas espirituales, vi con claridad cómo se reflejan las vidas pasadas en el aura; de ese modo yo mismo recibí una lección kármica. Cierta vez organicé junto con el doctor Brian Weiss, autor de *Many Lives, Many Masters*, un taller de trabajo para unas trescientas personas a bordo de un crucero a México. El doctor Weiss es un distinguido psiquiatra que ha ayudado a muchas personas en su trabajo de regresión a vidas pasadas. Una mañana, al terminar mi demostración, asistí a su taller, aunque sin intenciones de participar en el grupo. Para no molestar a nadie, me senté sigilosamente en la última fila, a observar.

El doctor Weiss inició su demostración de hipnosis y regresión a vidas pasadas. Mediante diversos ejercicios, el público recuperó ciertas experiencias de vidas anteriores. Para mi sorpresa, yo también tuve varias experiencias increíbles. En una regresión me vi como general en varias guerras, de pie entre mis soldados; según cambiaban las guerras, también

variaban nuestros uniformes. Comprendí que yo era
responsable de ordenar a mis soldados que mataran
a otros. Yo estaba al mando; debía tomar la decisión
definitiva que llevaba a miles de hombres a la muerte
en combate. A medida que las escenas se desarrolla-
ban en mi mente, supe de inmediato por qué estaba
aquí, en esta vida: debía aliviar el karma de todas
esas vidas pasadas en que había ordenado la
destrucción masiva de tantos hombres. En esta vida
de sanador equilibro el karma de vidas anteriores y
saldo así mi deuda kármica. Al ayudar a otros a
recapturar su espiritualidad corrijo un error, por así
decirlo, al tiempo que recobro mi equilibrio kármico, curo mi alma y avanzo por mi camino espiritual.

Después del ejercicio, el doctor Weiss pidió a los
presentes que se pusieran de pie y compartieran sus
experiencias con el grupo. Mientras algunos habla-
ban de sus vidas pasadas, comencé a ver sobre su
cabeza y a los costados una especie de tapiz de
colores y diseños. Al mirar mejor, noté que había
movimiento dentro de cada cuadrado de sus auras.
Cada uno de esos cuadrados representaba una vida
pasada. Por si eso no fuera suficiente, también
observé que de cada uno emanaba un cordón y que
ese cordón se ligaba a cierta parte de la anatomía de
esa persona: por ejemplo, a una pierna, al corazón o
a la cabeza. Más tarde pregunté a varios de los
participantes si tenían problemas físicos en las diversas zonas en las que había visto esos cordones. La
mayoría dijo que sí. Los demás no estaban seguros o

no recordaban. Algunos, después de pensarlo, recordaron haber tenido problemas en esa zona en algún momento. Para mí quedó muy claro que nuestras experiencias de vidas anteriores —y quizá también de nuestras vidas futuras— están bien presentes en el aura.

Influencias ambientales

El aura también puede reflejar fuerzas exteriores que nos afectan, sean positivas o negativas. Casi todos hemos pasado por la experiencia de conocer a alguien y sentir una simpatía inmediata o una terrible aversión. ¿A qué se debe? En general, a que hemos sintonizado el campo energético de esa persona y estamos en armonía o en discordancia (o en alguno de los sentimientos intermedios) con sus emanaciones de energía.

Al entrar en una iglesia o en un sitio de adoración, suelen colmarnos sentimientos de paz y consuelo. Es como si el lugar nos transmitiera armonía y unidad. Esto se debe, probablemente, a que registramos el amor y la espiritualidad de las personas que han estado allí. A la inversa, es posible entrar en una habitación o una casa y recibir de inmediato una sensación desagradable, sin motivo aparente; luego descubrimos que, antes de nuestra llegada, hubo allí una pelea o una discusión. También en este caso ha sucedido algo; tu aura "recogió" la energía que quedaba en la habitación.

La atmósfera mental que nos rodea tiene impresos, no sólo las ideas y los sentimientos que creamos, sino las ideas y sentimientos de quienes nos rodean.

Esta idea es muy importante. Todos los días atravesamos una multitud de pensamientos invisibles, pero poderosos, que ejercen un claro efecto en el estado físico de nuestro cuerpo. Los pensamientos reflejan siempre la naturaleza de la persona que les dio vida. Por lo tanto, presta atención a la gente con la que tratas más a menudo: somos aquellos con quienes andamos.

Muchas veces una persona tiene una personalidad tan arrolladora que, según nuestro propio nivel de energía emocional, mental, física o espiritual (sobre todo si uno o más son débiles), la energía de esa persona penetra en nuestro espacio electromagnético. Por suerte todos nacemos con una especie de mecanismo defensivo dentro del campo áurico, que mantiene afuera los patrones de energía y los pensamientos de otros. En la última parte de este libro describo cómo es posible protegerse de los pensamientos y emociones errabundos de otras personas.

También es muy importante comprender que nuestra atmósfera no está monopolizada por los vivos. Existen seres desencarnados o espíritus que también nos marcan y nos dejan sus pensamientos en el aura. Es por eso que muchas veces, de pronto y sin motivo alguno, uno empieza a pensar en un ser amado ya fallecido. Es muy probable que esa persona esté tratando de influir, de imprimir su personalidad y sus pensamientos en nuestro campo electromagnético.

LOS CUERPOS DEL HOMBRE

Dentro del aura hay capas y compartimentos demasiado complejos como para describirlos aquí en detalle. Los principales corresponden a los cuatro "cuerpos" diferentes, que penetran unos en otros y que, según los metafísicos, componen el ser humano.

Estas diferentes capas se denominan: cuerpo etéreo, relacionado directamente con los procesos físicos; cuerpo astral, sede de los procesos sensibles; cuerpo mental, donde tienen lugar todos los pensamientos, incluidos el pensamiento psíquico y el intuitivo, y cuerpo físico.

El cuerpo etéreo

El cuerpo etéreo se conoce también como "doble corporal", porque toma la forma de nuestro cuerpo físico. Está compuesto de una matriz de energía que penetra en el cuerpo físico en diversos puntos. Estos puntos o vórtices de energía reciben el nombre de chakras. La palabra sánscrita *chakra* significa círculo. A través de estos chakras entra en el cuerpo la Fuerza Dios o *prana* (también vocablo sánscrito) para nutrir diversos órganos físicos y el sistema nervioso. Se puede concebir a los chakras como ruedas giratorias de vida, pues tienen un efecto directo sobre glándulas y órganos tales como las glándulas pineal y pituitaria, la tiroides, la paratiroides, el timo, las suprarrenales, el páncreas, el hígado, el bazo y las gónadas. Cuando los chakras están sanos, llenos de Fuerza Dios, aparecen en el cuerpo etéreo como círculos giratorios de colores luminosos. Por tanto, a través de los chakras se puede observar en el cuerpo etéreo la salud física del individuo. Los chakras se unen mediante líneas de fuerza que crean un aspecto de rejilla, bastante parecido al papel para gráficos que utilizan arquitectos y dibujantes. Estos círculos de energía en movimiento se pueden comparar con un campo magnético y una de las principales corrientes de energía sube y baja por la columna y afecta directamente el sistema nervioso.

Hace tres años, un joven de treinta y ocho años vino a mí para una consulta privada. Se llamaba Bob. Después de mi acostumbrada introducción, tomé papel y empecé a dibujar el cuerpo etéreo de Bob para determinar su estado físico. Comencé por una figura esbozada con palillos. Luego, guiado por mi intuición, fui moviendo de a poco el lápiz hacia arriba y hacia abajo, pero cuando llegaba a la mitad inferior del torso, el lápiz se detenía. En ese punto, la energía de Bob parecía nublarse y oscurecerse, como si dejara literalmente de fluir. Le dije de inmediato: "Usted parece tener cierto tipo de problema en la zona que rodea a su intestino grueso". Expresé mi impresión de que su energía se había cortado. Él hizo una pausa; después me miró y dijo: "Hace dos años me extirparon parte del colon. Tengo un ano contra natura". Aunque la salud de Bob había mejorado, él aún continuaba dolorido y atormentado por esa zona de su cuerpo. Debí explicarle que, con esa constante preocupación, estaba provocando una obstrucción adicional en su flujo energético.

Los pensamientos persistentes y las emociones no expresadas acaban por manifestarse en el cuerpo físico. En otras palabras: lo que piensas y lo que sientes se materializa de algún modo, ya sea como salud o como enfermedad, en el cuerpo físico. Imagina tu cuerpo como una estación terminal, en la que tus pensamientos son los trenes. Tarde o temprano estos pensamientos deben ir a la terminal. Por eso es tan importante que tus pensamientos sean sanos, a fin de que el cuerpo también se mantenga sano.

El cuerpo etéreo de Bob estaba actuando como barómetro de su bienestar físico. Al entrar en sintonía con él, pude detectar su estado físico. Entre quienes practican medicinas alternativas, algunos pueden identificar dolencias y enfermedades con sólo ver el cuerpo etéreo. Éste se corresponde especialmente con las frecuencias de nuestro cuerpo físico, mientras que los otros cuerpos de energía corresponden a otras regiones de nuestra conciencia.

El cuerpo astral

El cuerpo astral es también conocido como cuerpo emocional. Se compone de un material etéreo tridimensional y es el cuerpo más denso, después del físico. En realidad, el cuerpo astral es una réplica exacta del físico y se extiende hacia afuera entre doce y veinte centímetros.

Muchos metafísicos, incluidos los teósofos, utilizan el término "cuerpo astral" como equivalente del etéreo. En lo personal me parecen algo diferentes. Mientras que el etéreo se relaciona fundamentalmente con sistemas energéticos (los chakras) el astral participa un poco más en la parte emocional del individuo. Está compuesto por todos los pensamientos, emociones y deseos de la mente. Todas tus ansias terrenales, los recuerdos significativos y los deseos centrales habitan el cuerpo astral. En el momento de la muerte abandona el cuerpo físico para residir en el mundo astral.

A menudo digo a los participantes de mis seminarios: "¿Por qué tienen ustedes tanto miedo a la muerte? ¡Si morimos todas las noches!". La verdad es que, cuando dormimos, el cuerpo astral abandona el cuerpo físico y viaja al mundo astral. Lo mismo sucede con el concepto de la proyección astral, sólo que en este caso abandona el cuerpo físico a voluntad. Por eso, al decir que morimos todas las noches, me refiero a que abandonamos el cuerpo físico, más o menos como en el momento de la muerte. El cuerpo astral también lo abandona espontáneamente en situaciones relacionadas con accidentes, bajo la influencia de drogas o cuando una persona entra en coma. Cuando un individuo está inconsciente, es muy probable que esté flotando en el mundo astral.

Muchas veces las almas trabajan en el plano astral mientras el cuerpo físico descansa. Creo que, cuando hago mi trabajo, una parte de mi cuerpo astral abandona el físico para penetrar en el mundo astral. Así es como recibo las fuertes emociones y deseos de los seres amados que se han ido.

El cuerpo mental

Así como el cuerpo astral se relaciona con las emociones de un individuo, de manera parecida el cuerpo mental se relaciona con sus pensamientos. El cuerpo mental se compone de una sustancia etérea aun más sutil que la del astral y se extiende desde la línea de la cadera hacia arriba y hacia afuera.

Se cree que el cuerpo mental es responsable de la transferencia de energías mentales elevadas, demasiado sutiles para los otros cuerpos. Estas energías son de un carácter espiritual sublime y se transfieren, mediante el cuerpo mental, bajo la forma de información psíquica: inspiraciones, corazonadas y presentimientos. Muchos creen también que este cuerpo se compone de dos partes: una mente superior, conformada por pensamientos que emanan de la Mente Universal, conceptos espirituales, verdades superiores y abstracciones, y una mente inferior, relacionada con los procesos materiales y cotidianos.

Creo que el individuo reconocido como genio, la persona dotada de gran inteligencia, es alguien cuyo cuerpo mental ha evolucionado a través de vidas enteras de experiencia. El alma reconoce este nivel de dominio y utiliza esta conciencia para conceptos y visiones elevados. Entre quienes parecen tener la capacidad de un contacto extraordinario con el cuerpo mental, para bien de muchos, figuran científicos, filósofos y maestros.

Tengamos en cuenta que existimos a la vez en el cuerpo emocional, el mental y el espiritual, en tanto viajamos por la vida en nuestro yo físico. Estos cuerpos, que se entremezclan y son interdependientes, nos convierten en un ser íntegro. Cuando comenzamos a comprender la totalidad de nuestro ser nos resulta más fácil entender que, a la hora de la muerte, nos limitamos a desprendernos de nuestros diversos cuerpos para poder elevarnos a planos superiores, tal como veremos en los capítulos siguientes.

4

Muerte: el retorno al hogar

Envié mi alma a través de lo Invisible,
Por alguna letra de esa Vida Posterior:
Y mi Alma, regresando al momento,
Respondió: "Yo misma soy el Cielo y el Infierno."
—Omar Khayyām, *Rubāiyāt*

"¿Qué es lo que sucede en el momento de la muerte?" Ésta es la pregunta que se me ha formulado con más frecuencia en mis muchos años de trabajar como médium. Por desgracia, no puedo dar una respuesta definitiva, pues la experiencia de la muerte es tan individual como la experiencia de la vida. Y aunque los espíritus han intentado repetidas veces satisfacer a quienes los interrogaban, la explicación de la muerte está muy por encima del alcance limitado de las palabras y de nuestra inteligencia finita. ¿Cómo hemos de comprender algo que está fuera de la conciencia humana? Para el mejor de los médium apenas cabe la esperanza de describir, con total exactitud, todos los sentimientos que un espíritu desea comunicar sobre el proceso de muerte. Debido a la condición humana, las creencias religiosas y las actitudes sociales sobre la muerte bloquean cualquier captación que pueda acercarse a una verdadera comprensión. La muerte siempre ha sido el mayor de los misterios. Sólo podemos imaginar, leer, orar y elaborar teorías sobre lo que en verdad sucede, pero sin saberlo en realidad hasta que lo experimentemos en persona.

Al escribir este capítulo me vienen a la mente años enteros de sesiones; recuerdo detalles específicos de cientos de espíritus que se han ido. Éste contiene la acumulación de esas revelaciones, combinadas con la información obtenida en libros y periódicos internacionales y material sobre el tema que voy a compartir. Es el examen más honesto y objetivo que puedo brindar sobre la experiencia de la muerte.

MIEDO A MORIR

¿Por qué la gente tiene tanto miedo a la muerte? La respuesta es sencilla: porque es una experiencia desconocida. La mayoría se siente demasiado incómoda como para mencionarla: ni hablar de pensar en la perspectiva de morir algún día. Hasta ahora, pocas personas habían dedicado tiempo a investigar el proceso. No obstante, en años recientes ha habido muchos individuos que, tras pasar por la experiencia denominada "muerte clínica", han contado sus impresiones de cómo es morir. Existen varios libros buenos sobre este tema, en particular *Life After Life* del doctor Raymond Moody. Los detalles que ofrecen sobre experiencias de muerte clínica (atravesar un túnel, el encuentro con un ser amado, ver una luz intensa o encontrarse con un ser espiritual) son todos muy similares a la imagen que describen los espíritus que se han presentado en mis sesiones. La sensación general es de paz, la seguridad de que la muerte no es "el fin". No es más que otro proceso natural de la vida. Comenzamos a morir en el momento mismo de nacer y continuamos muriendo todos los días. En un plano físico, las células degeneran, mueren y son reemplazadas sin que les demos ninguna importancia. Tal como mencioné en el capítulo 3, "morimos" todas las noches al dormir. Ése es el momento en que nuestra conciencia abandona el cuerpo físico para viajar al mundo astral; por la mañana, cuando reingresamos en el cuerpo, lo hacemos trayendo recuerdos de nuestros viajes y encuentros bajo la forma de sueños. Tal vez no comprendamos esos sueños ni lo que sucede mientras dormimos, pero eso no importa. La vida transcurre de una forma o de otra, lo comprendamos o no.

¿Qué sucede, pues, cuando morimos? La revelación más significativa que nos han hecho quienes pasaron al otro lado es ésta:

Al morir comprendemos que no somos
sólo el cuerpo físico.

Los difuntos perciben de inmediato que su parte física es un componente muy secundario de lo que son y que forman parte de todo lo existente. A esta altura el espíritu comprende por entero la intrincada pieza que le corresponde en el rompecabezas universal. Comienza a relacionarse con la imagen completa y ya no hay disensos ni separación con respecto al prójimo. Ve a Dios en todas las cosas.

Muchos espíritus han comunicado, a través de mí, que la muerte en sí fue fácil, aunque no el morir. Quien padezca una enfermedad terrible, como el cáncer o el sida, puede sufrir intensamente mientras la enfermedad carcome los órganos del recipiente físico. Poco a poco, el prana o aliento de vida se va escurriendo del cuerpo. Esto puede ser muy doloroso. Pero cuando llega la muerte ya no hay dolor ni incomodidad. El dolor es un estado físico, contenido en el cuerpo físico. El recuerdo de ese estado puede permanecer dentro del cuerpo mental del espíritu, pero sólo como recuerdo: la sensación ha desaparecido. Ya no tendrá ningún efecto sobre la salud y el bienestar del cuerpo espiritual.

EL PROCESO

Como todos sabemos, hay diferentes maneras de morir; dicho con una terminología más precisa, hay diversas maneras de abandonar el cuerpo físico. Pero cualquiera sea el modo en que se realice la transición, es obvio que pasamos por un cambio fisiológico y químico. En el momento de la muerte, el cuerpo espiritual queda encapsulado de inmediato en una vaina etérea, su doble corporal. El espíritu permanece en esta condición por un tiempo breve, hasta que también el doble etéreo se desprende. Este desprendimiento del cuerpo etéreo se produce en el momento en que el espíritu abandona realmente el cuerpo físico. Una vez que el cuerpo etéreo se ha desprendido, entra en acción el cuerpo astral. En su forma astral, el espíritu puede ingresar en la energía más sutil del mundo astral. Cualquiera sea el modo de morir, este proceso es siempre el mismo.

A menudo los espíritus comentan lo natural que les pareció el momento de la muerte; en algunos casos no se percataron siquiera de que habían fallecido. Recuerdo una sesión que realicé con una madre y su hija. La madre estaba agonizando con cáncer y la hija quería darle la seguridad de que el final no sería penoso. La sesión fue un éxito. La madre escuchó a varios espíritus, incluido su segundo esposo, quien le dijo: "No te preocupes. Cuando llegue el momento todo será muy natural". Murió mientras dormía, tres semanas después. Pasados varios meses la hija vino a mí para otra sesión. La madre se puso en contacto, muy agradecida por el hecho de que su hija y yo la hubiéramos ayudado a entender cómo sería la muerte. "Fue como todos la describieron —dijo— muy fácil y apacible."

Lo que he expresado es la idea general. Ahora analizaré el proceso paso a paso.

Muerte natural

Los individuos que mueren por causas naturales o por una enfermedad, conscientes de la muerte que se aproxima, tienen transiciones típicas. Varios días antes del fallecimiento la conciencia comienza de a poco a expandirse o amplificarse. Experimentan una especie de "agudización" de los sentidos, sobre todo el oído y la vista. Muchos dicen haber pasado por una "retrospección" en la que vieron y percibieron con mucha claridad todas las situaciones de su vida. Durante esa retrospección pueden comprender plenamente la razón de cada experiencia vivida. Es en este punto de la revisión de la vida que la parte espiritual de la persona impone alguna especie de juicio. Al hablar de juicio no me refiero a escoger entre el cielo y el infierno. Antes bien, el espíritu cobra profunda conciencia de sus actos y es muy sensible al buen o mal trato que haya dado a otros. Reconoce de inmediato la manera "correcta" en que debería haberse comportado. Con suerte verá también el bien que aportó a otros. Esta revisión se produce en cuestión de segundos y sigue siendo una parte intrincada de la trama espiritual del individuo.

Es también en estos momentos cuando algunos moribundos reparan en parientes o amigos íntimos, fallecidos mucho tiempo atrás, que están de pie junto a la cama. Estos seres espirituales pueden estar allí para observarlos o para llamarlos. En muchos casos, el moribundo pronuncia súbitamente el nombre de un familiar difunto o describe una escena. Cuando Thomas Edison estaba en coma, muy próximo a la muerte, despertó por un momento, miró hacia arriba y declaró: "Es muy bello allá".

Justo antes del final, el moribundo puede experimentar una marcada disminución o la desaparición completa del dolor físico. Es posible que caiga lentamente en coma o que permanezca consciente hasta el momento "final". Si está consciente, puede percibir una sensación de "frío" en las extremidades, pues la circulación se hace lenta y la energía de la Fuerza Dios empieza a retirarse del cuerpo. Mientras prosigue esta retirada, la persona puede experimentar una sensación de "leve sacudida" o "cosquilleo", causada por las hebras etéreas que empiezan a soltarse del cuerpo físico, para preparar la partida del doble corporal. En el momento de la muerte cesa la respiración y el alma abandona el cuerpo. Es entonces cuando se corta el "cordón de plata", la fibra etérea que nutre al espíritu durante su estancia en el cuerpo físico. ¡Por fin el espíritu está en libertad!

Suicidio

En caso de suicidio, es imposible que el espíritu sufra daño alguno. Quien se obligue a abandonar prematuramente la vida descubrirá que, aunque pueda destruir su cuerpo, no puede destruir el alma. El ser espiritual se mantiene muy vivo. No sólo está vivo, sino que los "problemas" que lo llevaron a actuar así aún forman parte de su actitud mental y emocional.

Cuando el espíritu comprende lo que ha hecho, por lo general se deprime, y se llena de remordimientos. Creo que muchas de estas almas torturadas padecen una enfermedad mental y/o emocional. Si una persona padece una enfermedad mental en la tierra, en el mundo espiritual necesitará mucha compasión y comprensión. Lo mismo vale para un alcohólico o un drogadicto. El grado de necesidad, amor y consideración varía según las situaciones. A menudo es necesario trabajar con las almas adictas, pues la adicción se lleva a la otra vida. Baste decir que, si esa alma está dispuesta, hay maestros y sanadores espirituales listos para prestarle toda la ayuda posible y brindarle paz y bienestar.

Afortunadamente, las oraciones y los pensamientos amorosos de familiares y amigos supervivientes ayudan a cambiar la atmósfera áurica de depresión y tortura por otra de curación y amor. Por eso es tan importante rezar por quienes se van. A su debido tiempo, esas almas cobrarán conciencia de su naturaleza espiritual superior y empezarán a buscar una salida a su situación. Al otro lado de la vida hay muchos cuya única responsabilidad es auxiliar a esas víctimas atrapadas, acompañándolas con amor a zonas donde puedan recibir el consuelo debido para su tortura mental. Por encima de todo, estos espíritus deben aprender a perdonarse.

Muerte súbita o inesperada

En el caso de muerte por accidente, violencia, desastre natural, etcétera, el espíritu es sacado del cuerpo tan de prisa que apenas comprende lo que ha sucedido. No experimenta dolor físico alguno. En todas mis experiencias, nunca un espíritu dijo haber sentido dolor al atravesar el parabrisas de un auto o al ser aplastado por una pared durante un terremoto. Creo que, en este tipo de muerte, el espíritu se ve literalmente "arrancado", tan de súbito que no tiene tiempo de registrar molestias ni dolores. Cuando comprende su situación ya ha abandonado el cuerpo físico.

Según sea el fallecimiento, una persona puede perder la conciencia o tener una noción espontánea de encontrarse fuera del cuerpo, mirando desde arriba su forma sin vida. Aún se siente muy vivo y cree ser una persona física, hasta que absorbe la idea de que ya no lo es. Con frecuencia los espíritus me dicen que trataron en vano de hablar con quienes los rodeaban y se desconcertaron por su falta de respuesta. Aunque nosotros no podamos oír a los difuntos, ellos son capaces de captar lo que decimos y lo que pensamos.

Inmediatamente después de la muerte, es común que un familiar difunto o un espíritu guía acuda a saludarlo y lo ayude en su adaptación a las condiciones desconocidas del mundo espiritual. Sin embargo, en el caso de muerte súbita o violenta el espíritu puede tardar un poco en aceptar la situación.

Muerte grupal

Cuando muere todo un grupo de personas a la vez, en tragedias tales como un bombardeo, un accidente de aviación o un desastre natural, parten como grupo de almas. Están cumpliendo con lo que se denomina "karma grupal". En otras palabras: varias personas, en un plano espiritual, deciden morir juntas para saldar la deuda kármica. Recordemos que me refiero a las consecuencias espirituales de esas circunstancias. Como seres humanos, todos compartimos el dolor de una pérdida de vida tan trágica. En el capítulo 7 analizaré cómo tomamos este tipo de decisiones espirituales antes de encarnar. Por ahora es necesario comprender que estas tragedias son parte de nuestro destino espiritual en la tierra.

Cuando la muerte es súbita e inesperada, los individuos suelen estar inconscientes y se ven arrancados del cuerpo físico por el impacto. En esos casos no hay dolor. El espíritu abandona el cuerpo físico antes de que éste pueda sentir nada. Puedo asegurar que, en este tipo de situación, nadie sufre en el momento de morir.

Como esta clase de muerte es un golpe y no se está preparado para efectuar la transición, el espíritu puede permanecer en el lugar de la escena y vagar en derredor, tratando de averiguar qué le ha sucedido. Algunos despiertan en una especie de hospital. Otros pueden pensar que han sobrevivido al desastre. En tragedias de esta magnitud, las almas individuales por lo general necesitan asistencia y consuelo para hacer el reajuste espiritual a la vida después de la muerte.

Una vez que estas almas cobran conciencia de sus circunstancias y comienzan a cuestionar su situación, aparecen espíritus guías o miembros de la familia, que se reúnen para llevarlos a una especie de área de recepción. En este lugar de reunión, los guías que se especializan en este tipo particular de trauma ayudan a las almas recién llegadas y confusas y les explican el significado de su situación. Algunos espíritus comprenderán todos los hechos de su muerte y efectuarán la transición con facilidad; otros, en cambio, necesitan más ayuda. Éstos recibirán auxilio de seres espirituales que trabajan con situaciones psicológicas y problemáticas, a fin de aceptar su nueva existencia espiritual. Por lo general los problemas se resuelven cuando el recién llegado se reúne con familiares o amigos difuntos. Los recuerdos del amor colaboran para que la mente del espíritu se libere de esa trágica situación.

ENTIDADES EXTRAVIADAS

Una vez que el espíritu se ha desprendido de su vehículo físico, reside en su equivalente etéreo. En ese estado experimenta una sensación inmediata de paz y libertad. También hay una fuerte sensación de liviandad, de estar flotando, porque ya no existen el peso y la gravedad del cuerpo físico. El espíritu permanece en ese doble etéreo, gris y brumoso, por un tiempo muy breve (quizá pocos segundos) antes de desprenderse de la vaina etérea; entonces pasa a su forma astral. En cierto modo, se podría decir que la vaina etérea es un puente entre lo físico y lo astral. En la mayoría de los casos, esta transición es rápida.

No obstante, cuando un espíritu está muy apegado a su familia y no acepta con facilidad el hecho de haber muerto, los lazos terrenales se convierten en una especie de trampa. En ese tipo de situaciones, el espíritu se mantendrá muy cerca de su cadáver. A menudo hace fútiles intentos de comunicarse con sus parientes. Es bastante común que estos espíritus asistan a su propio funeral. Muchas veces eso los ayuda a comprender que ya no forman parte de la existencia física. Por entonces ya están preparados para continuar el viaje hacia su hogar espiritual. Sin embargo, a veces un espíritu queda varado, ligado a la tierra, y se convierte en lo que llamamos "espíritu extraviado". Con frecuencia, lo que mantiene a una persona ligada a la tierra después de la muerte son las creencias que albergó en su vida. Permítaseme una explicación.

Hace tiempo existía en el planeta Tierra un hombre llamado Bill. Era agnóstico; no tenía creencias religiosas ni espirituales. Bill sólo estaba seguro de lo que experimentaba. Su actitud era: "Cuando uno muere, se acabó. No hay nada más". A lo largo de su vida, Bill sólo se interesó por dos cosas: él mismo y sus posesiones. Su meta principal era acumular tanto dinero y tantas posesiones como fuera posible, aunque fuera mediante la explotación o en detrimento de otros.

Un día Bill muere y despierta en el otro lado. Comprende con rapidez que, en realidad, no está muerto, sino en otra forma, más leve. No obstante, conserva su actitud terrenal y materialista. Intenta con gran impaciencia aferrarse a sus posesiones, sólo para descubrir que no es posible. No entiende que esa bruma etérea, gris y opaca en la que está envuelto es sólo una sombra de su anterior mundo físico. Mal preparado, sin saber nada, sigue rondando la tierra como fantasma; visita su casa y se pone en contacto con su familia, en un intento por comunicarse con ellos. Ese estado "intermedio" puede prolongarse unas cuantas horas, meses y hasta años enteros, según desee o no abandonar lo físico para continuar hacia el reino astral u otros más elevados. Por suerte, nadie tiene por qué sufrir ese enredo etéreo; basta con mantener cierta conciencia espiritual superior.

Lo que sé de las entidades "extraviadas" me llegó

de primera mano hace algunos años, a través de un amigo. Mike era profesor universitario y enseñaba historia universal. Racionalista como era, resultaba imposible convencerlo de la existencia del mundo espiritual. Mike sabía a qué me dedicaba y hasta participó de algunas sesiones, pero no creía en nada de todo eso. Aun cuando le transmití mensajes de varios parientes suyos que habían muerto, no les dio mucho crédito. Ahora comprendo que sólo participó de esas sesiones para darme el gusto. En el curso de nuestra amistad le diagnosticaron una enfermedad terminal; Mike quedó muy abatido. Aunque yo le aseguraba una y otra vez que la vida no tenía fin, eso no lo ayudaba a descansar tranquilo. Con el tiempo se volvió rencoroso y ermitaño.

Murió poco después de conocer su diagnóstico. Dos días después de su transición me hizo una visita desde el lado espiritual. Lo recuerdo vívidamente. A primera hora de la mañana me despertó de pronto la aparición de un cuerpo etéreo de un metro ochenta, que flotaba a los pies de mi cama. Quedé admirado por su aspecto de realidad: era Mike hasta en lo rubio del pelo. Mientras me miraba con fijeza, preguntó por telepatía: "¿He muerto?". Le envié mi pensamiento a modo de respuesta: "Sí, Mike". "Gracias", repuso. Y desapareció. Inmediatamente después percibí la presencia de una africana vestida con increíbles ropas tribales. Supe por instinto que era uno de los guías espirituales de Mike. Oí que me decía: "Gracias. Él necesitaba escucharlo de alguien a quien conociera". Luego ella también desapareció en el éter.

Lo triste es que este mundo está lleno de entidades extraviadas. Algunos, como Mike, comprenden de inmediato que están "ligados a la tierra" y pasan con rapidez al mundo espiritual. Pero otros no tienen tanta suerte. Estas entidades extraviadas vagan por el plano físico, "asolando" a los vivos al influir sobre personas de mente débil. Se encuentran "atrapados" entre el mundo de la carne y el mundo del espíritu. Es una desgracia que nuestras creencias restrictivas y rígidas no mueran cuando abandonamos el mundo físico. Por el contrario, estas convicciones demuestran su fuerza en el otro lado.

También se puede producir este extravío cuando una persona sale de su cuerpo de manera violenta. En este caso el espíritu tampoco está preparado y no comprende lo que le ha sucedido. En muchas situaciones como ésta, el espíritu sigue haciendo lo que hacía en la tierra hasta que cae en la cuenta de que su cuerpo ha muerto y él se encuentra en el otro lado. A menudo los espíritus expresan enfado por esas muertes inoportunas; los hay que desean venganza. Por suerte existen seres espirituales encargados de ayudarlos a pasar a expresiones de vida más elevadas.

La transición del mundo físico al mundo espiritual es natural e indolora. No obstante, nuestra cultura la ha convertido en un evento de enorme temor y la gente no está debidamente preparada para sobrellevarla. Esto hace que los espíritus se liguen a la tierra, pues efectuada la transición no saben dónde se encuentran. Por eso es tan importante conocer el fenómeno de la muerte, a fin de que todas las transiciones sean fáciles, suaves y completas. Sólo es necesario comprender que la muerte es el portal de la vida eterna y que nos espera algo más.

5

Los reinos espirituales

Así, en una estación de tiempo calmo
Aunque estemos muy lejos de la costa,
Nuestras Almas ven el mar inmortal
Que aquí nos trajo,
Pueden en un momento viajar al otro lado,
Y ver los niños que juegan en la playa,
Y oír las portentosas aguas que por siempre bullen.
—William Wordsworth, "Intimations of Immortality"

Tal como lo expresa Wordsworth con tanta belleza, nos encontramos en un viaje infinito entre el aquí y el cielo. Cuando nos embarcamos en cualquier viaje, siempre existe la expectativa de vivir una aventura estimulante. ¿No sería grato contemplar el último viaje de la vida como si fuera ni más ni menos que eso? Lo cierto es que hemos hecho ese trayecto muchas veces y lo haremos aún otras muchas.

Cuando un individuo abandona el mundo físico, deja tras de sí el cuerpo pesado y denso que ha habitado en un mundo igualmente pesado y denso. Esa transición se puede comparar al hecho de quitarse un abrigo de invierno o al cambio de piel de la serpiente. En esencia hacemos lo mismo. Al morir dejamos de usar nuestra forma humana, de modo que la abandonamos. Nada se pierde, excepto el cuerpo físico. El alma completa se mantiene intacta; los cuerpos astral, mental y espiritual continúan sanos y salvos. Hasta nuestra personalidad, con todos sus sentimientos, preferencias, aversiones, emociones y deseos, sigue siendo la de siempre.

EL INGRESO A UN MUNDO NUEVO

Por mucho que una persona haya evolucionado espiritualmente, comienza una existencia nueva en lo que se conoce como mundo astral. En muchos sentidos, el mundo astral es tan sólido y real como la tierra física: una especie de equivalente etéreo de la tierra. Este mundo invisible (para nuestros ojos físicos) se entremezcla y extiende en torno de la tierra; está compuesto de una energía etérea que vibra a frecuencias que están más allá del espectro físico. El mundo astral está compuesto de varios planos, a cada uno de los cuales corresponde una frecuencia etérea en especial.

El plano del mundo astral que está más próximo a la tierra física es como una especie de zona de recepción. Esta región es importante para las almas recién llegadas por dos motivos fundamentales. En primer lugar, proporciona un medio que reproduce el de la tierra en todos los sentidos posibles. Como existencia multidimensional, posee casas, edificios, universidades, salones de concierto, jardines, lagos y todo lo que es reconocible para nuestra mente material. Esto alivia la impresión de abandonar un mundo físico sólido. En segundo término, es un lugar que permite que el espíritu se acostumbre poco a poco a la otra vida. En el mundo astral, el espíritu comienza a vivir una existencia espiritual más dilatada y debe, a su debido tiempo, descartar sus anteriores conductas, deseos y patrones de memoria terrenales.

El espíritu recién llegado gravitará hacia el plano que corresponda a la frecuencia de la vibración de su cuerpo astral. Entrará encerrado en un cuerpo astral muy real y tangible; será tan real allí como lo fue aquí.

EL PUNTO DE VISTA DE UN ESPÍRITU

He tenido muchas oportunidades de transmitir mensajes referidos a las condiciones encontradas por los espíritus cuando ingresaron en el mundo astral. El siguiente es un estupendo ejemplo de una de esas sesiones, bastante típico. Sin embargo, hay que tener en cuenta que hay diferentes tipos de llegada, así como hay diferentes tipos de muerte.

Una joven vino a verme para ponerse en contacto con su madre. Era bastante escéptica con respecto a todo el asunto. Se sentía culpable por no haber estado presente en el fallecimiento de su madre y quería alguna prueba de que ella estaba bien. La madre se llamaba Molly. He aquí la descripción que hizo de su ingreso en el mundo espiritual:

"Recuerdo que todo parecía muy extraño. Sólo puedo describírtelo diciendo que era como si despertara de un sueño. Me encontré en una especie de hospital. Bueno, parecía un hospital, pero era muy bonito y alegre. Supe o recordé que había estado en un hospital y no podía respirar, pero aquél era horrible y frío. Éste, en cambio, era lo opuesto. Ya no me sentía enferma ni necesitaba más oxígeno. Me sentía muy bien; me pregunté dónde estaba. Miré a mi alrededor y vi a otras personas acostadas en camas. Todo parecía muy natural. Ésa es la única manera de calificarlo: natural.

"El hombre que estaba frente a mí dijo que creía haber muerto, pues había estado en un incendio. Le oí decir: 'Apuesto a que estamos en el cielo'.

"Luego entró una señora que se acercó a mí. Sus ojos eran muy azules; me costó creer que fueran reales, pero lo eran. Me habló con mucha compasión, pero no con palabras. Era una especie de telepatía mental; sin embargo, yo podía oír y entender cada una de sus palabras. Al principio me pareció extraño, pero en ella había algo que me resultaba muy familiar. No podía identificarlo. En cuanto tuve esa idea oí, dentro de mi cabeza, que me decía:

"'Soy yo, Jennie. Cuando éramos pequeñas jugábamos juntas en la granja.'

"No podía creerlo, pero al mirarla a los ojos, al ver su dulce sonrisa, comprendí que tenía razón: era

Jennie Gallagher. Cuando éramos niñas, jugábamos juntas. Recordé que había muerto de fiebre reumática a los ocho años.

"'¿Cómo puedes estar aquí? ¡Te creía muerta!'

"Y ella me dijo mentalmente:

"'Estoy muerta, sí. ¡Y tú también!'

"Por un momento quedé espantada. Luego Jennie me recordó lo unidas que éramos de niñas, lo mucho que me alteró y encolerizó su muerte. Hasta pedí a Dios que me llevara al cielo con Jennie.

"'Cuando éramos niñas hicimos un pacto, ¿recuerdas? La que llegara primero al cielo vendría a recibir a la otra. ¡Bueno, aquí estoy!'

"Cuando me dijo eso, el recuerdo me inundó la mente como si se me acabara de ocurrir; de pronto me colmó una inmensa sensación de gozo y felicidad. En ese momento Jennie me invitó a seguirla.

"'¿Adónde vamos?'

"'Afuera, a la zona de recepción.'

"No comprendí por qué.

"'¡Pero si estoy enferma!'

"Ella se echó a reír.

"'Esa condición estaba sólo en tu cabeza. Ahora eres un espíritu y estás perfectamente bien.'

"Casi sin darme cuenta me encontré fuera de la cama, deslizándome hacia el frente de esa especie de hospital. Recuerdo haber notado lo bien vestida que estaba. Jennie me dijo que me había vestido con sus pensamientos.

"'Aquí todo se hace con el pensamiento', explicó.

"Seguí a Jennie afuera, a un hermoso patio. Estaba lleno de gente bien vestida; tuve la impresión de estar en algún desfile de Pascua.

"Jennie me informó:

"'Hay otros que esperan para verte. Hasta luego.'

"Bajé la escalera hacia el patio. Es difícil describir lo bello que era todo. El día no era, simplemente, un glorioso día de primavera: era perfecto. Todo el mundo sonreía y pude percibir el gozo que había en cada uno. Había niños jugando en jardines rodeados de fuentes exquisitas.

"Lo siguiente que vi fue a una pareja joven junto al pie de la escalera. Me sonreían. Una vez más me pareció conocerlos, pero no tenían el aspecto que yo recordaba. Eran jóvenes, perfectos y tan reales como es posible ser. Bajé los peldaños; cuanto más me acercaba, más los reconocía. Eran ellos, mis padres, Gertrude y Jed.

"'¡No puedo creerlo!', exclamé con felicidad.

"Mi madre me dio unas palmaditas en la cabeza.

"'Todo está bien, no llores. Ya verás lo real que es todo en cuanto dejes de pensar con tu mente terrenal y te adaptes al yo espiritual.'

"'¿Por qué están tan jóvenes?'

"Y ella me dijo:

"'Una vez que pasas al espíritu, puedes adoptar el aspecto y la edad con la que te sientas más a gusto. Nosotros elegimos los treinta y tantos por lo mucho que disfrutamos de ese período de la vida.'

"Conversamos un poco más en el jardín. Me

sentía muy bien. Luego empecé a ver a otros miembros de mi familia. Allí estaba Barney, mi hermano; mis abuelos, mi tía y mi preferido: el tío Jim, el que me había enseñado a montar a caballo en la granja. Todo el mundo parecía lleno de vida. Me dijeron, una y otra vez, que descansara y disfrutara de una vida libre de problemas de salud, de las preocupaciones que había tenido en la tierra. Recuerdo haberles dicho: 'Todo parece tan real...'.

"Poco tiempo después, mi madre me llevó a su casa para que descansara. Era la misma en la que había vivido cuando era pequeña, hasta con las mismas cortinas que flameaban en la ventana de la cocina. Me llevó a mi cuarto, que tenía una cama con dosel. Era exactamente la misma que me había hecho mi padre. Posé la cabeza en la almohada y empecé a caer en el más profundo y apacible de los sueños. Un momento antes de dormir, recuerdo haber pensado: Ahora sé lo que significa la expresión 'Bienvenida a casa'."

Después de dos horas increíbles terminó el mensaje. Hice una pausa para agradecer a mis espíritus guías y luego miré a la hija de Molly. Permanecía serena en su silla, con las lágrimas corriéndole por la cara.

"Ésa era ella —murmuró—, mi madre. Es cierto que tenía una amiga de infancia llamada Jennie. Me habló de ella. Y sus padres se llamaban así. Y también adoraba a su tío Jim. Solía contarme cómo le enseñó a montar. ¡Ahora sé que es cierto! La semana pasada tuve un sueño; vi a mamá en esa cama con dosel. En realidad tengo una foto donde está de pie junto a esa cama. Mi abuelo la hizo para ella. Me alegro de que esté bien y en casa."

La joven se enjugó las lágrimas y me dio un abrazo de gratitud.

EL MUNDO ASTRAL

El mundo que describía Molly es el que a veces llamamos "el país del verano". Este mundo astral es, en muchos aspectos, tan sólido como la tierra física, aunque su energía es leve y etérea. Cuando un alma individual efectúa la transición al plano astral de la existencia, entra con su cuerpo astral. Como el cuerpo etéreo descartado en el momento de la muerte, el astral es una copia exacta, con brazos, piernas, dedos, etcétera. Sin embargo, no padece enfermedad alguna. Por ejemplo: quien sea ciego, sordo, esté en silla de ruedas o sufra algún mal terrible que deteriore el cuerpo, no llevará esas discapacidades a los reinos espirituales. Aunque haya perdido un miembro en una explosión, aunque su cuerpo esté totalmente aniquilado por un desastre o por la guerra, el espíritu llega en forma perfecta. Estas afecciones son meros efectos de un cuerpo físico en un mundo físico, pero no estados del mundo espiritual ni del cuerpo espiritual.

El cuerpo espiritual es sano y perfecto,
no puede jamás ser destruido ni dañado.

Aunque el cuerpo espiritual llega en estado perfecto, lo que no cambia es la personalidad, compuesta de una acumulación de recuerdos, prejuicios, anhelos y sensibilidades. De hecho, todo nuestro enfoque mental y emocional se mantiene inalterado por completo. Cuanto hayamos experimentado en el mundo físico está inscrito en el patrón del alma. En cierto sentido es irónico: en la tierra dedicamos mucho tiempo cuidando que el cuerpo luzca bien, pero muy poco a lo importante, como mejorar nuestras relaciones o ser fieles a nuestros principios; después de la muerte, todo el esfuerzo que pusimos en el cuidado del cuerpo no tendrá importancia, pues de cualquier modo estará perfecto, pero seguiremos cargando con los mismos problemas e incertidumbres que, según suponíamos, debían desaparecer con la muerte.

El alma recién llegada se encuentra en un plano espiritual compuesto por la acumulación de rasgos caracterológicos y diversas experiencias terrenales que creó antes de la muerte. En otras palabras: el alma gravita hacia un estado de existencia que contiene sus intereses. Las almas con aficiones parecidas se unen en un plano espiritual similar.

Ilusiones terrenales

Una de las primeras iluminaciones que tocan al espíritu al ingresar en el mundo astral es la ausencia de tiempo.

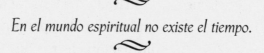

En el mundo espiritual no existe el tiempo.

Sin embargo, como el espíritu viene de un mundo de relojes y calendarios, el recuerdo del tiempo está muy aferrado a los procesos de pensamiento; por tanto, su inclinación natural es preguntarse en qué día está. Puede pensar que lleva pocos instantes fuera de su cuerpo físico, cuando en el tiempo real de la tierra su ausencia ha durado ya tres días. Comprender esta discrepancia le confirma que ya no está impedido por las limitaciones del mundo físico. En las regiones espirituales el tiempo no se mide por la posición del sol y las estrellas, sino por la participación en la experiencia. El espíritu tiene, de un modo literal, todo el tiempo que necesita; se interesa más por lo que desea lograr que por el tiempo necesario para lograrlo.

Igualmente confuso es el hecho de que, en el mundo astral, ya no se aplican las leyes y los límites físicos, tales como la gravedad, el sonido y la velocidad. Los espíritus no tardan en descubrir que no están limitados por un mundo fijo. En esta dimensión y más allá, un espíritu puede estar en varios lugares a la vez y el medio de transporte es el pensamiento. No es necesario hablar, pues cada uno puede leer los pensamientos de los demás. Como ya he dicho, todas las situaciones son creación de nuestros pensamientos, aun en la vida del más allá.

Los familiares que permanecen en la tierra suponen que el difunto, al otro lado, está bien enterado de todo el plan de la creación y esperan que les revele todos los secretos del cielo. A menudo se me pregunta: "¿Por qué el espíritu no puede darme las respuestas?". O: "Si me ama debería ayudarme". La verdad es que los espíritus nos aman lo suficiente como para no darnos las respuestas. Saben que, para crecer y progresar, cada uno debe vivir sus experiencias sin ninguna sugerencia psíquica. Los espíritus no estorbarán nuestro desarrollo espiritual con respuestas que nos quiten la necesidad de comprender ciertas situaciones. Debemos sobrellevar nuestras experiencias a fin de aumentar nuestra sabiduría y volar más alto.

Si bien el espíritu recién llegado posee una conciencia más aguda o expandida, su conocimiento está limitado al plano espiritual en el que se encuentra. Y cuando su conciencia se expanda, el esclarecimiento más importante que obtendrá es una comprensión más amplia de la unidad armónica del todo. Comprende que está unido a todas las otras expresiones de vida por un denominador común. El ingrediente que lo hace todo posible es el inflexible e infinito elemento del amor.

Tiempo para reflexionar

Junto con esta percepción de unidad, el espíritu pasa a conocer la composición de su alma. Conoce con claridad la historia completa de todas sus existencias. Hay un punto en que comienza a juzgar y examinar todas las experiencias, momentos y sucesos de su vida reciente. Sondea cada pensamiento, cada sensación, cada acto realizado; evalúa qué ha sido una contribución al desarrollo de su alma y qué fue un obstáculo. En otras palabras: efectúa un informe por comparación y determina hasta qué punto ha cumplido con su plan original.

En este proceso de evaluación, el alma puede percatarse de que, a fin de extraer la máxima sabiduría de cierta experiencia, tal vez sea necesario repetir una situación similar en una existencia futura en la tierra. Esto inicia lo que se denomina proceso kármico, es decir: el traslado de una experiencia de una vida a otra a fin de obtener conciencia espiritual. Este proceso no es un castigo por haber hecho algo "mal". Se trata sólo de una evaluación espiritual de la experiencia. Si el alma cree poder rehacerla de un modo mejor, volverá para repetirla. El ser espiritual reconoce su inmortalidad; sabe que es responsable de todas las condiciones que ha causado en el pasado y de todas las que creará en el futuro.

El mundo que uno crea

Existe la idea de que el cielo está lleno de ángeles alados que tocan el arpa y flotan en nubes. Eso no es más que un mito. El hogar del espíritu en los reinos espirituales es un reflejo exacto de los logros de su vida y/o sus transgresiones mientras estaba en la tierra. Una vez que se ha adaptado a ese nuevo mundo, es bastante común que sea recibido por un espíritu maestro, quien lo acompaña, por así decirlo, por los diversos planos y expresiones de la vida espiritual. Esta excursión revela hasta qué punto se ha elevado en conciencia y cómo puede alcanzar un mayor crecimiento espiritual.

Existen tantos planos de regiones espirituales como posturas mentales. Muchas veces digo a quienes asisten a mis conferencias: "Ustedes son responsables de crear su paraíso o su infierno, basado en los propios pensamientos, palabras y hechos". El ambiente está dentro de cada persona. La gente común, que trata de vivir decentemente en la tierra, respetando al prójimo y expresando amor cuando es posible, no tienen por qué preocuparse por su existencia posterior. Gravitarán hacia un maravilloso plano de paz, gozo y amor ilimitados. Sobre la base de la multitud de lecturas que he hecho, echemos un vistazo al ambiente que podría encontrar una persona de buen corazón al pasar al reino del espíritu.

Cuando empieza a mirar en derredor, lo primero que observa es una increíble belleza. Descubre jardines radiantes y bien cuidados hasta donde llega la vista; cada flor estalla en brillantes colores. Los colores vívidos del mundo espiritual están más allá de nuestro espectro terrenal. Todo allí está literalmente "iluminado" y tiene la limpidez del cristal. La luz del reino no se origina en soles ni estrellas; se la conoce como "luz astral". Esta iluminación hace que los colores cambien a fin de complementar a determinado tipo de medio. Como todas las cosas están vinculadas en armonía, se podría pensar que esa efervescencia refulgente es reflejo de la luz que brilla dentro de cada espíritu.

Lo siguiente que notará es el aroma. La atmósfera menos densa, junto con el dulce perfume de cada flor, crea una fragancia angelical. A menudo los espíritus dicen que poseyeron de inmediato una acentuada sensibilidad al exquisito aroma de su ambiente. El perfume y la belleza de este lugar celestial está más allá de las palabras. Es un mundo perfecto, lleno de extensas praderas de esmeralda y magníficos bosques. Estos árboles generosos no necesitan poda ni atención; no hay hojas marchitas. Todo está lleno de vida y en armonía con todo lo demás. Este fragmento del cielo es un lugar donde nada está fuera de sitio, donde todo concuerda.

Además de la belleza, existen escuelas de conocimiento, albergadas en edificios extraordinarios, hechos con materiales desconocidos para nuestra mente terrenal. De hecho, esos edificios parecen tener una cualidad traslúcida, opalina. Tal vez de allí se deriva el término "puertas perladas".

En esos grandes edificios se puede encontrar todo tipo de educación e instrucción: arte, música, idiomas, filosofía, las ciencias o las artes teatrales. Cada aula tiene su propia atmósfera de pensamiento. Este ambiente está creado por los sentimientos de las personas que disfrutan de sus aficiones y el amor del arquitecto que utilizó su pericia para diseñar el edificio. Todos comparten la finalidad de la construcción y la visión de quien lo creó.

Creación del hogar

En el plano astral tendrás incluso la posibilidad de crear tu propio hogar. Quizá prefieras una pequeña cabaña con un jardín rodeado por un arroyo borboteante. Eso es posible. Podrás concebir y crear tu casa con tus pensamientos; si quieres, un arquitecto te ayudará a diseñarla. Por lo general los espíritus construyen réplicas exactas de sus moradas terrenales, porque se sienten más cómodos en un ambiente conocido. Pero si el espíritu prefiere estar en una mansión palaciega, debe tener la conciencia necesaria para crearla. Si en la tierra tenía una autoestima baja y una actitud autocompasiva, es muy improbable que pueda crear un palacio en el cielo. Si no quiere una casa grande, aunque tuviera una en la tierra, podrá crear algo por completo adecuado a su gusto, como una cabaña en el bosque. Todo lo construido no es más que reflejo y representación de la naturaleza particular del alma.

Realización de los deseos

Cuando entramos en el mundo astral nos acompañan nuestras emociones y deseos más intensos, nuestras preferencias y aversiones. Estas cualidades aún forman parte importante de nuestro ser, puesto que no los hemos experimentado del todo. Es por eso que, en espíritu, recibimos por fin la oportunidad de manifestar y llevar a cabo todos nuestros sueños y fascinaciones.

Pensemos, por ejemplo, que siempre has querido pintar, pero no sabías cómo hacerlo. En el mundo astral puedes por fin experimentar el gozo y la satisfacción que encierra para ti la pintura. Tal vez querías diseñar ropa o ser un gran cocinero. Aquí es posible satisfacer esos deseos. Todo se crea con el pensamiento; el espíritu sólo tiene que aprender a insuflarle vida y el sueño queda realizado.

En espíritu es posible disfrutar deseos que tienen fuertes lazos emocionales y sentimentales. Cuanto más enraizado está un deseo, más tiempo lo retendrás y más tardarás en liberarte de él. Cierta vez, durante una entrevista televisiva, hice una sesión para una joven del público. Al presentarse su padre, ella le preguntó qué estaba haciendo. Él respondió que lo estaba pasando estupendamente en las carreras, apostando a los caballos.

El anfitrión del programa me echó una mirada extraña, diciendo:

"Oh, vamos, ¿pretende decirme que en el cielo hay carreras de caballos?"

"Bueno, para este hombre eso es el paraíso —le dije—. Lo disfruta."

El anfitrión torció la cabeza, enarcando una ceja como si dijera: "Este tipo está loco". La muchacha, en cambio, se volvió hacia mí con una alegre declaración: "¡Ése es mi papá! ¡Iba a las carreras todos los sábados!".

Como verás, el mundo astral está hecho con lo que deseamos y lo que creemos necesitar. Estos deseos no forman parte del lado espiritual elevado de nuestro ser, sino que están contenidos en la parte inferior de nuestra personalidad. Cuando el espíritu comprende que ya no los necesita, es fácil desprenderse de ellos. El mundo astral es como una cámara compensadora: nos ayuda a liberarnos de nuestros anhelos emotivos terrenales.

Desprenderse de antiguos hábitos

No sólo mantenemos con vida nuestros sueños y deseos, sino que también nos llevamos nuestros viejos hábitos. Puesto que este mundo espiritual en particular está próximo a la atmósfera terrestre, los cuerpos mental y emocional aún contienen todos los atributos de la vida terrenal. Ciertos espíritus conservan los hábitos y las adicciones. Por ejemplo: no es raro que quien fue gran fumador en la vida terrenal continúe fumando en el otro lado. Además de cigarrillos, los espíritus materializan alcohol, drogas o platos favoritos. Muchas de las costumbres son tan fuertes que el alma las experimenta una y otra vez antes de agotarlas. A su debido tiempo, cuando el alma comprende que el hábito demora su crecimiento espiritual, se desprenderá de los lazos más pesados del deseo para elevarse más.

El tiempo pasado en los diversos planos del mundo astral varía de espíritu en espíritu. Rodeado por las creaciones de sus propios deseos y apetitos, el espíritu permanecerá en esta región mientras mantenga su afinidad con esas energías. Al limpiar los desechos durante esa readaptación astral, lo que hace, en esencia, es prepararse para nuevas oportunidades cuando retorne a la tierra, en un período posterior.

El país oscuro

Aunque sería imposible describir en detalle todos los niveles que existen en el mundo astral, basta decir que algunos son de menos categoría. A fin de brindar una visión general, será beneficioso describir un estado extremo del plano astral que ha recibido el nombre de "infierno". Esta región astral inferior no es un sitio de belleza y dulzura. Antes bien es un estado traído a la existencia por los pensamientos, palabras y actos de quienes provocaron dolor y sufrimientos en la tierra. Todos cosecharemos lo que sembramos. Nadie está exento. Así, el espíritu que haya llevado una vida terrenal de injusticia, crueldad y odio podría encontrarse allí.

Esta región inferior vibra a un ritmo mucho más

lento que las regiones superiores. Aquí la luz es apenas una penumbra y se esfuma casi en una leve oscuridad. La atmósfera se parece a la de una novela de Dickens. Lo impregna un olor penetrante y desagradable. Unas siluetas lóbregas se deslizan de un sitio a otro, en lo que parece una interminable danza de desasosiego. No hay refugio seguro para el alma atormentada que trata de escapar de su propia vileza. El cuerpo astral del espíritu que se encuentra en las regiones inferiores no es como el de las esferas celestiales: a veces tiene malformaciones o partes faltantes y se lo ve destruido y miserable. Las viviendas de este nivel no están hechas de mármol y piedra, sino de madera podrida.

Los espíritus que habitan ese reino oscuro albergan actitudes mentales de odio, malicia y necesidad de dominar a otros; están regidos por los elementos más bajos del mundo físico. Pueden ser asesinos, violadores, ladrones, estafadores o quienquiera haya hecho daño a otro ser humano. A menudo pensamos en este tipo de personas como almas perdidas, y en cierto modo lo son, pues vagan sin sentido y se acosan mutuamente. El alma permanece en este agujero tenebroso hasta que ha agotado todos sus deseos inferiores. Sólo cuando llega a la conciencia espiritual puede pasar a las regiones altas del plano astral. Cuando un alma tan depravada piensa la menor fechoría, aparece de inmediato un espíritu guía para ayudarlo. Nadie se pierde del todo, pues la Fuerza Dios está dentro de cada alma.

Hay muchos otros lugares oscuros que son residencia de espíritus. Aunque no tan repelentes como el que acabo de describir, son lúgubres. Como el infierno, estas moradas están moldeadas con actitudes mentales negativas y con la oscuridad de la ignorancia espiritual.

COSAS SIMILARES SE ATRAEN MUTUAMENTE

La mente individual es como un imán que atrae a otras similares; esta ley universal de la afinidad continúa siendo una brújula en la otra vida. Las creencias y actitudes que atesoras son parte de tu vida en el mundo astral.

Aquí, en la tierra, te ves literalmente inmerso entre personas con distintos ideales, creencias y orígenes económicos, raciales y étnicos. Una vez que abandonas esta existencia terrenal, eres atraído hacia un estado del ser donde todos piensan, se comportan y viven como tú. Por tanto, te encontrarás en un mismo plano con otros espíritus de creencias similares. Por ejemplo: científicos, matemáticos, teóricos y filósofos pueden estar en un plano mental comparable, pues tal es su realidad. Si una persona tiene convicciones religiosas muy marcadas, se encontrará en un sitio con mentes que perciban la existencia de igual manera. Las almas similares siempre gravitan las unas hacia las otras. Quizás esto sea el paraíso para la mayoría.

Lo más importante es que esta ley universal de afinidad nos une a seres amados que han fallecido antes. Ya hemos estado muchas veces con ellos y volveremos a estar muchas más. Cuando efectuemos la transición nos estarán esperando para tomarnos de la mano y mostrarnos las infinitas posibilidades de la vida en el mundo del espíritu.

Para algunos individuos, la vida en el mundo astral es breve; para otros, mucho más larga, según lo enredados que estén en necesidades físicas. Cuando el espíritu está listo para ascender más, pasa por otra especie de muerte y viaja a un nuevo hogar espiritual, que algunos llaman "paraíso".

6

El espíritu en evolución

Oigo más allá del alcance del sonido.
Veo más allá del alcance de la vista,
Nuevas tierras, cielos y mares en derredor,
Y, en mi cenit, el sol atenúa su luz.
— Henry David Thoreau, "Inspiration"

A menudo se me pregunta: "¿Cuánto tiempo permanecemos en el otro lado?", y: "¿Permanecemos en un solo sitio o vamos a otras dimensiones?". Durante una sesión puedo percibir si un espíritu ha evolucionado hacia los mundos celestiales más elevados por la manera en que transmite sus pensamientos y sentimientos. Muchas veces digo al cliente: "Tengo la sensación de que este hombre ha estado en el otro lado diez años, cuanto menos", o: "Esta mujer acaba de llegar". Noto la diferencia por el grado de claridad de los pensamientos que el espíritu envía y el tipo de emoción oculta detrás de los mensajes.

Por ejemplo: un espíritu recién llegado puede transmitir sentimientos e ideas de una manera muy apremiante, con gran carga emocional. Sus rasgos de personalidad son muy evidentes, pues transmite un modo de pensar "terrenal". Cuando el espíritu lleva más tiempo en el mundo espiritual se comunica de manera muy distinta. Por lo general, la transmisión es muy serena; las ideas son lúcidas y fáciles de comprender. También transmite mensajes equilibrados e importantes para quien lo ama.

El mundo astral es como un paso intermedio en el progreso del espíritu, un sitio donde todas las necesidades emocionales básicas e inferiores se viven hasta agotarlas en su totalidad. A medida que el espíritu continúa su viaje, tarde o temprano se desilusiona de los sueños y deseos terrenales; entonces comienza a despertar a un aspecto más elevado de su conciencia. Cuando el alma está lista para ascender, se desprende por completo de los antiguos recuerdos y patrones de pensamiento.

LA VIDA SUPERIOR

Este desprendimiento de los patrones terrenales y los elementos inferiores del cuerpo emocional refina y aligera la personalidad. Cuando se abandonan estos restos para que se desintegren en las regiones astrales inferiores, el espíritu pasa por otra especie de muerte. El hinduismo y el espiritualismo llaman "segunda muerte" a descartar a los cuerpos inferiores de un espíritu individual. Esa muerte permite que el alma avance hacia una esfera espiritual superior, convirtiéndose en un ser más iluminado.

El espíritu pasa al verdadero mundo celestial.

Este "cielo" no es un lugar diferente, pues en el mundo espiritual no hay fronteras físicas. La "geografía" no está delineada como en la tierra. En cambio existen diferentes ritmos vibratorios; los espíritus más evolucionados gravitan hacia las frecuencias etéreas más altas. Cuanto más alta es la frecuencia, más brillante y pura es la luz del lugar. Al hablar de lugar me refiero, en realidad, a un estado de conciencia. Cuando el espíritu alcanza esta frecuencia superior, refleja la gloria de la divina esencia armónica.

En los reinos superiores todo el mundo está en un mismo plano de entendimiento espiritual, como una sinfonía de seres afinados entre sí. Para algunos esto puede significar el reencuentro con otros miembros de la familia terrenal. Para otros, el encuentro con viejos amigos y amantes de encarnaciones previas. Habrá otros que nunca tocaron la tierra, pero son familiares para el resto. Cada miembro del grupo contribuye, a su modo, a elevar y mejorar a los otros, de modo que todos se sientan enteros y completos. El término que se suele usar para esa familia espiritual es "alma grupal" o "grupo de almas". Ese tipo de grupos mantiene un parentesco a través de vínculos kármicos y experiencias de vidas compartidas. Los guías espirituales forman un vínculo con ellos y desempeñan un papel instrumental en la existencia de cada espíritu.

En esta atmósfera celestial no hay necesidad de expresar ideas y sentimientos, pues los espíritus de la luz superior tienen un conocimiento total. Aunque en la tierra es posible disimular lo que pensamos y sentimos, en el espíritu no lo es. Cada pensamiento es visible y aparece con su propia y única luz, irradiada desde adentro. En este plano de la conciencia los espíritus son mucho más que su personalidad reciente: son seres espirituales completos e íntegros, que han incorporado todas sus experiencias y personalidades terrenales en la unidad con Dios.

Todo lo que está en los reinos celestiales superiores se refina hasta el más sutil de los elementos. La luz de todos los espíritus se funde con la luz divina y todo se integra a esa luz. Por eso suele ser difícil obtener detalles explícitos de los espíritus que llevan un período prolongado en estos reinos: ya no están sintonizados con la conciencia terrenal.

Muchas almas evolucionadas han atravesado el velo para expresar a sus seres amados la "ligereza" y la "plenitud" del mundo en el que residen y decirles que todo en su ambiente es complementario con todo lo demás. Han hablado de la expresión perfecta de un pensamiento, del compendio de una nota musical, y cada una de estas cosas abarca la inmensa plenitud de la luz divina.

Es un mundo magnífico, lleno de inmensa belleza y paisajes gloriosos. El espíritu siente y comparte la vida de cada brizna de hierba, cada hoja de cada árbol, cada pétalo de cada flor. En esta divina canción el unísono es total. La música no se oye, simplemente se experimenta por completo, en cada parte de cada ser. Los ambientes son radiantes y están unidos en un orden agradable, con sentido de la unidad.

Hasta los edificios se crean sólo con los materiales más puros, obtenidos de las mentes más elevadas. Las estructuras no son sólidas, sino etéreas; en ellas se refleja la luz de Dios. Es difícil describir su aspecto; las imágenes concebibles más cercanas son los hologramas. En este plano, el espíritu puede decidirse por tener una casa o domicilio, pero no por los mismos motivos que en el plano inferior, donde se los crea por necesidad o adorno. Todo se hace por el puro gozo de hacerlo y es una fusión de los pensamientos creativos más puros que expresan el amor por lo divino.

Quizás el espíritu que está en la esfera superior quiera tener también un aspecto "físico". Tal vez decida cambiar el aspecto de la última encarnación por el que tuvo hace siglos, pero cualquier forma que escoja será perfecta. Puede vestirse, si así lo quiere, pero sus ropas no serán las que usamos en la tierra; el atuendo es deslumbrante; el color y el brillo de las prendas espirituales reflejan la conciencia interior. Es claro que la vestimenta resulta secundaria ante la intensidad de luz que emana desde el interior.

Una atmósfera curativa

Cuando el espíritu ingresa en el mundo astral, tiene la oportunidad de vivir sus deseos emocionales inferiores hasta agotarlos. En las regiones más elevadas se le brinda la ocasión de utilizar las cualidades más refinadas de su cuerpo mental. Pasa la mayor parte de su tiempo dedicado a comprender y emplear pensamientos e ideas, paso importante para su crecimiento. Al hacerlo sustenta la expansión mental de otros que están en los reinos inferior y terrenal. He tenido el privilegio de escuchar relatos de sus experiencias en estas regiones elevadas. El siguiente mensaje vino a mí en estado de trance, durante una visita a un centro de sanación del Brasil.

"Lo primero que me llamó la atención fueron los edificios. Me hicieron pensar en una gran ciudad, pero no como las de la tierra. De algún modo los alrededores realzaban a la urbe, en vez de agotarla. Muchos de los edificios eran parecidos en cuanto a forma y estilo y se complementaban entre sí. Todos concordaban a la perfección, como piezas de un rompecabezas. Parecían estar hechos de sustancias preciosas, como madreperla y diamante. Todos los colores brillaban y se fundían en perfecta armonía. Cuanto más los miraba, más comprendía que la luz reflejaba el tipo de tareas efectuadas dentro de cada estructura.

"En cuanto me pregunté qué estaría sucediendo

en uno de ellos, me encontré mirando hacia adentro. La luz era arrolladora. Había un numeroso grupo de almas sentadas en una especie de pista. Cada uno concentraba sus pensamientos en el centro de esa pista, donde dormía otro espíritu. Comprendí que estaba en un centro de sanación. No había necesidad de hablar, porque todos podíamos leernos la mente con mucha facilidad. Al observar mejor vi que una bella luz, violácea y blanca, rodeaba al alma dormida. Los espíritus enviaban luz divina a ese individuo enfermizo, para acelerar sus vibraciones e iluminar las zonas oscuras causadas por los pensamientos que producían enfermedad. Percibí que el espíritu era alguien de la tierra, a quien se curaba durante el sueño. Los espíritus lo ayudaban a recuperar la noción de la divinidad interior. Fue entonces cuando comprendí que nadie se pierde en espíritu, ni siquiera los que no tienen conciencia de su luz, como los que están en los reinos inferiores de oscuridad e ignorancia mental. Comprendí que el alma del centro despertaría con una conciencia de sí renovada y saludable. Pero no se le regalaba nada, ¿se entiende? Simplemente, se la estaba despertando.

"Luego me pregunté si los animales también habitaban el mundo espiritual; mi pensamiento me transportó a una ladera. Allí encontré animales salvajes, como leones y tigres, que moraban junto a sus presas. Eso me recordó a la tarjeta navideña en que se representa al león tendido junto al cordero. Las bestias más feroces eran mansas y dulces como el más dócil de los animales. Mientras contemplaba ese milagro de la naturaleza, sobrecogido de respeto, me llegaron los pensamientos de los animales. Los comprendí como a los de cualquiera. Decían que la violencia natural no existía en ese lugar de armonía pura. La supervivencia ya no formaba parte de sus conciencias. Me sorprendió la ausencia de animales domésticos, como gatos y perros. De inmediato recibí la respuesta: estaban en lugares donde podían correr en libertad o acompañando a sus seres amados de la tierra. En ese mismo instante experimenté una unión completa con todas las criaturas vivientes."

LA VIDA DE UN NIÑO

Los reinos superiores también contienen centros parecidos a guarderías, donde seres espirituales evolucionados nutren y atienden a bebés y niños pequeños que han abandonado recientemente la tierra. Los cuidadores y los pequeños se atraen por la capacidad de amar y ser amado.

Existen muchos motivos para que una vida joven se corte pronto y regrese al espíritu. Cada espíritu tiene su propio destino y un plan divino que cumplir. Tal vez, para ciertas almas no experimentadas, la vida resultó demasiado difícil, por lo que abandonaron el cuerpo con celeridad. Muchos espíritus me han dicho que esto es lo que conocemos como "síndrome de muerte infantil súbita". También es posible que los lazos kármicos entre el niño y su familia debieran realizarse por medio de un abrupto fin de la vida. Sea cual fuere el motivo, el alma tendrá la posibilidad de aprender y retornar a la tierra una vez más. Muchas almas recién nacidas deciden completar el ciclo "físico" de la vida en espíritu, a fin de desarrollar mejor las cualidades y principios elevados. Estos bebés avanzarán en el mundo espiritual; de ese modo, cuando retornen a la tierra, tendrán una nueva y expandida conciencia de la vida. Otros pueden tener un deseo tan fuerte de experimentar oportunidades en el mundo físico que volverán a la tierra de inmediato, sin madurar del modo debido para la próxima encarnación. También en este caso, lo que el niño decida depende por completo de su desarrollo como alma.

APRENDIZAJE INFINITO

Las almas de las regiones superiores están allí para aprender, expandir y desarrollar su capacidad mental, y para recibir enseñanza de sus maestros y guías espirituales. Existen infinitas instituciones de enseñanza, según qué aspectos de la mentalidad se desee cultivar. No obstante, la meta no es doctorarse en historia o en matemáticas. Lo que aprenden los espíritus es la verdad. La verdad es simple, pero se requiere una mente grande para comprender su simplicidad. Se exploran virtudes tales como el amor, la humildad y la paciencia.

Al mismo tiempo son muchos los grandes intelectos que se ven atraídos hacia esos escenarios filosóficos, médicos y científicos. Estas mentes se unen para poner a prueba los misterios del universo. Pueden analizar los efectos del pensamiento sobre el mundo físico y la salud de un ser. Algunos dedican el tiempo a inspirar a los habitantes terrenales con perceptividad e inventiva. Cuando los espíritus trabajan con mentes similares de la tierra, siembran ideas visionarias que serán cosechadas en grandes inventos y preciosas curas. A menudo estos humanos están ya sintonizados con una postura mental en especial. Todo es posible, siempre que los individuos estén dispuestos a alimentar su propia luz y abrirse a las infinitas posibilidades de Dios.

Las regiones superiores son desconcertantes, en verdad. En estas alturas hay un centro de aprendizaje de importancia especial. Es, en muchos sentidos, uno de los estados del ser más significativos, crucial para nuestra existencia actual. Una noche, durante mi círculo de desarrollo, caí en un trance completo; mi cuerpo astral abandonó el cuerpo físico para viajar a un lugar que me gustaría compartir contigo. Al principio reparé en un increíble edificio que parecía de mármol. Todos los muros estaban hechos del mismo material, pero coloreados con matices que yo nunca había visto. Luego me vi sentado en el palco de una especie de teatro o sala de tribunal. A mi alrededor, la gente se concentraba en la situación que se estaba desarrollando abajo, en el suelo. Al bajar la vista vi a hombres y mujeres ataviados con ropajes de distintas épocas. Reconocí a un personaje que conversaba con otros, sentado ante una mesa liviana; se parecía a Benjamin Franklin. Me pareció extraño que estuviera allí y me pregunté dónde me encontraba. La respuesta me llegó con la misma celeridad: estaba en un salón de grandes mentes. Eso es todo lo que recuerdo de la experiencia. Al salir del trance pregunté a los otros miembros del círculo de meditación qué había sucedido. Me miraron con ojos atónitos.

—¿No recuerdas? —preguntó alguien.

—No.

—Se presentó un hombre que dijo llamarse Franklin.

Los miembros del círculo narraron luego que ese hombre les había hablado de las diversas injusticias del mundo, causadas por la obsesión del hombre consigo mismo.

—Dijo que era uno de los muchos espíritus que trabajan con los gobiernos terrenales para alcanzar una base de entendimiento común.

Ante información tan increíble, describí lo que había visto en el gran salón de asambleas.

Desde entonces he leído sobre visiones similares descritas por otros espiritualistas. Permíteme compartir una contigo. En esta visión aparece un gran templo, similar a los que hay en Grecia o Egipto. El templo refleja el tipo de energía que opera tras sus muros. Adentro se encuentran quienes tienen una elevada vocación compasiva. Algunos son líderes políticos; otros, inventores notables; un tercer grupo, grandes humanitarios del pasado. Los hay que nunca han vivido en la tierra; son de dimensiones diferentes de nuestro universo. Todos estos espíritus están dedicados a trabajar con las mentes de los líderes políticos terrenales, impartiéndoles ideas de paz, compasión, unidad y entendimiento. Al fundir todos esos pensamientos juntos, ayudan a esclarecer a hombres y mujeres, para que todos los corazones despierten a la paz y la concordia. A veces tienen éxito; entonces, en el mundo que conocemos triunfan políticas de paz y justicia. Otras veces fracasan en sus intentos. En verdad es un gran desafío tratar de penetrar en mentes llenas de ignorancia, oscuridad, codicia y engaño.

Aunque muchos líderes poderosos triunfan, no en virtud de un corazón franco, sino por codicia y deshonestidad, los seres espirituales no se dan por vencidos. Las almas evolucionadas aceptan que todos han sido creados con el mismo elemento de luz y amor; por eso siguen trabajando por el bien de toda la especie humana. Nuestras oraciones son escuchadas, aunque muchas veces lo dudemos. Y reciben respuesta. A nosotros nos corresponde mantener la puerta del corazón abierta para recibir orientación.

LOGROS ARTÍSTICOS

No podemos completar la recorrida por estos reinos sin contemplar otro importante componente del paisaje. Se trata del dominio de la inspiración artística. En los intrincados y refulgentes salones de la expresión artística, trabajan muchos maestros. Es allí donde estos médium de la luz divina sintetizan y transforman la energía creativa en expresiones materializadas de colores y palabras. Sólo cobran realidad las pinturas de la mejor calidad; son, en realidad, momentos congelados de color inspirador. No sólo es posible ver estas obras de arte, sino también sentir por completo el amor que de ellas brota.

También hay seres dedicados a materializar la luz divina mediante palabras. Los pensamientos más excelsos se reducen a una porción de su grandeza, a fin de inspirar a los escritores creativos de los planos inferior y terrenal. Las palabras no son más que energía manipulada, arrancada de diversas frecuencias de expresión. Estas expresiones se materializan en un plano emocional y se transmiten como formas de aliento, orientación, humor y tristeza. Estas obras teatrales, cuentos, poemas y ensayos están destinados a esparcir luz en las zonas astrales inferiores y en la tierra, a fin de despertar a todos los seres a lo divino. Esto vale para todas las expresiones de la creatividad.

El último punto de nuestro viaje es un lugar

donde está en marcha la sinfonía divina. Los colores de la atmósfera cambian constantemente de momento en momento, en un verdadero arco iris de fulgor que ilumina los cielos. No obstante, estos colores no son atmosféricos, como nuestro cielo terrestre, sino que emanan de las mentes de los compositores y músicos de esta esfera. Allí se escucha el lenguaje de los ángeles en toda su gloria divina. Al caminar por estos edificios de luz veremos a individuos dispersos por todas partes, recibiendo vitalidad curativa de las notas y melodías celestiales. Muchos músicos funden sus pensamientos y sus energías para crear nuevas expresiones de sonido, para bien del prójimo. Estas expresiones son, realmente, la luz eterna, amante y gozosa de Dios. Ya ves que un espíritu en viaje de retorno a Dios tiene mucho por delante.

Estaremos siempre desarrollando la riqueza del alma para manifestar el amor de Dios. En último término, muchos de nosotros, tras haber colmado por entero el corazón con la luz celeste, cuando estemos llenos de la unidad del amor espiritual, decidiremos reingresar en el denso mundo físico. Con el conocimiento de estos reinos espirituales, retornamos a la tierra con el deseo de inspirar a otros con las revelaciones que hemos recolectado en espíritu.

7

Retorno a la tierra

¡Cómo bajé, tal cual un ángel!
¡Cómo brillaban aquí todas las cosas!
Cuando primero entre sus obras me presenté,
¡Oh, cómo me coronaron con su gloria!
El mundo semejaba su eternidad,
 Por donde mi alma caminaba;
Y todo aquello que vi.
 Conmigo habló.
                    —Thomas Traherne, "Wonder"

Cuando el espíritu se desarrolla en los reinos celestiales, se alinea con la gran Luz de la comprensión. Esta luminosidad celestial, refulgente, se proyecta desde el centro de su ser y es la característica de su alma. El espíritu, poseído de tanta conciencia de Dios, sintoniza los ritmos armónicos y las leyes divinas del universo. Sin embargo, dentro de la composición anímica de cada espíritu existe el anhelo de alcanzar planos aun más altos de conciencia espiritual. Este crecimiento óptimo se desarrolla a través de infinitas "lecciones de alma" y se ejercita sólo mediante el libre albedrío del espíritu. Estas lecciones de alma se dominan a partir de oportunidades experimentadas en el aula llamada tierra.

Dos tercios de la población mundial creen en la reencarnación o renacimiento: el renacimiento de la fuerza vital o alma en un nuevo cuerpo físico. Aunque no es un dogma aceptado en las religiones judeo-cristianas ortodoxas, los primeros cristianos (principalmente los gnósticos) también aceptaban el concepto de la reencarnación. En el siglo IV, cuando el emperador Constantino abrazó el cristianismo, se retiró del dogma cualquier referencia a la reencarnación o transmigración de las almas. Según el hinduismo y el budismo, el alma retorna a la tierra para resolver el karma de varias vidas. Cuando se perfecciona, abandona el ciclo de renacimiento y se reintegra con el alma Dios.

Sin duda, la mayoría de los lectores ha tenido experiencias de cosas ya vividas: encontrarnos en un sitio que nos resulta familiar o con una persona con quien sentimos una afinidad instantánea. Recuerdo que cierta vez iba conduciendo por la ciudad de Nueva Orleáns con algunos amigos. Cuando nos detuvimos a cenar, empecé a alejarme del grupo como en trance. Uno de mis amigos preguntó:

—¿Adónde vas?

—Quiero ver algo —repliqué—. Tengo la extrañísima sensación de que, a la vuelta de la esquina y al final de la manzana, hay una iglesia blanca con dos torres.

Mi amigo se limitó a asentir con la cabeza y caminó conmigo. Efectivamente, al final de la calle había una iglesia blanca con dos torres. En cuanto la vi tuve una inexplicable sensación de reconocerla: había estado antes en esa iglesia, pero no en mi vida actual. Había en eso una certeza que no puedo explicar.

A fin de que el espíritu reciba la experiencia ideal para el crecimiento anímico y utilice su energía creada por Dios, debe prepararse para el viaje de regreso a la tierra. Por lo tanto pasará todo el tiempo entre dos vidas familiarizándose con conocimientos sobre el plano material de la existencia. Como estamos hechos de la energía de la Fuerza Dios, en esencia creamos junto con Dios. A nosotros nos corresponde decidir qué haremos con esta energía. También es imperativo recordar que los efectos no son causados sólo por actos físicos, sino por actos mentales: nuestras palabras y nuestros pensamientos. ¡Todo es energía! ¡Y cada uno decide cómo quiere usarla! Cuando el espíritu se encuentra listo para volver a experimentar la vida física (y sólo entonces) se produce una serie natural de pasos para su ingreso en la tierra.

El Consejo Etéreo

Para ayudar al alma a prepararse para el pasaje siguiente existe un grupo de seres espirituales, muy evolucionados, que componen algo denominado Consejo Etéreo. Estos seres han completado sus encarnaciones terrenales y hacen recomendaciones a los otros espíritus para ayudarlos a desarrollar su "plan de vida": los objetivos espirituales que el alma desea alcanzar en la vida venidera. Este plan presenta la encarnación como un plano en el que se registran las oportunidades necesarias para el progreso del alma. Los detalles exactos del plan quedan por cuenta del espíritu. Allí es donde interviene el libre albedrío.

Cada alma es única e inigualable. A su memoria se ha incorporado el conocimiento y la sabiduría de cada vida, de modo que puede escoger para su existencia venidera una vocación que le sea familiar. Por ejemplo: yo sé que he dedicado muchas vidas a perfeccionar la sensibilidad, la aptitud y el discernimiento para mi comunicación espiritual. Cuando se me sometió a regresión, me vi a mí mismo, vida tras vida, dedicado a empresas religiosas y místicas. Me vi como monje católico, sacerdote ruso ortodoxo, lama tibetano, monje budista, gitano, erudito metafísico y vidente medieval. Por eso no es raro que sea médium en esta vida. Lo mismo sucede con la mayoría de nosotros. Lo que hacemos en esta vida es, probablemente, algo que hemos hecho antes en una u otra forma.

Cuando nacemos, todo lo que necesitamos para cumplir con el plan del alma está impreso en nuestro cuerpo etéreo. En otras palabras: las respuestas a todos nuestros problemas están dentro. Toda adversidad, toda tribulación, es sólo una prueba para ver si podemos descubrir la solución espiritual. Las adversidades dan al alma muchas oportunidades para desarrollarse y expandirse. El crecimiento nunca es fácil y sólo se puede lograr si experimentamos todos los aspectos de una situación y la comprendemos a fondo.

Cuando un espíritu observa las circunstancias físicas de su próxima vida, advierte que algunas no serán fáciles, pero que son necesarias para su crecimiento. El espíritu puede apreciar de qué modo esa adversidad fomenta su progreso general o hacer que brille otra faceta de su luz diamantina. Por eso decimos que vivir en la tierra es como estar en un aula. Estamos aquí para aprender. Una vez que terminamos, regresamos a casa.

Es el alma la que decide si quiere avanzar de prisa o con lentitud. Algunos espíritus permanecen en el otro lado hasta que se sienten absolutamente listos para retornar a la tierra y enfrentarse en su viaje a una tarea difícil. Otros se entusiasman ante la perspectiva de lanzarse a esa misión espiritual, pues saben que acelerarán su crecimiento. Y otros piensan que podrían lograr más en determinado período del tiempo terrenal. El Consejo Etéreo los ayuda a planificar todos los aspectos de la vida venidera y cuida que no se tomen decisiones basadas en el deseo emocional, sino en una necesidad espiritual.

Durante el proceso de decisión, el espíritu puede consultar con otros que hayan formado parte de sus pasadas experiencias terrenales o con quienes tenga lazos kármicos. Estos lazos kármicos pueden ser positivos o negativos, según lo que el alma quiera experimentar. Como he descrito en el capítulo 6, hay familias espirituales de individuos similares. En el caso de un grupo de almas, los espíritus pueden decidir que van a volver para saldar las obligaciones kármicas mutuas. Por añadidura, siempre hay grupos de almas que retornan a la tierra durante cierto período de la historia, a fin de cumplir con los vínculos kármicos en un sentido global. Estas almas regresan para ofrecer ciertos conocimientos del pasado. Según su grado de conciencia espiritual, pueden provocar progresos o deterioro para la población del mundo.

KARMA

Todos conocemos el dicho: "Se cosecha lo que se siembra". Es otra manera de expresar la ley universal conocida como karma. La palabra sánscrita *karma*, en su origen y de un modo literal, significa "acción". Esta ley de la acción incluye un ciclo natural de causa y efecto. Dicho sencillamente, hemos vivido existencias enteras sembrando semillas o arrojando piedras, y cosecharemos los efectos de lo que hayamos creado, bueno o malo.

Como en el universo multidimensional no hay tiempo, el ciclo de causa y efecto puede extenderse a lo largo de varias vidas. La longitud del período pasado en la tierra es una mera ilusión, pues se trata de una limitación del mundo y el cuerpo físicos.

En verdad, una vida es un período muy breve
en el grandioso plan de la existencia.

En consecuencia, el resultado de nuestras acciones actuales no se verá necesariamente en esta misma vida, ni siquiera en una sola vida. Depende de la intensidad, la potencia y la gravedad de los actos. Todas las acciones incorporadas a la membrana del alma permanecerán allí hasta que se hayan agotado y se restaure el equilibrio debido.

Muchas personas piensan que el karma es negativo. No es verdad. El karma es como pagar una deuda o contrarrestar un acto. Es, en realidad una oportunidad de progreso para el alma. Una vez que el espíritu descubre que sus actos tienen consecuencias, ya no necesitará crear un karma difícil para el futuro. Por lo tanto, cuando retorne a la tierra tendrá un plan de vida, lecciones kármicas incluidas en la memoria de su alma, un cuerpo escogido, padres y familiares, amigos, fecha y lugar de nacimiento, posición social, día y motivo de muerte, etcétera. Todo esto refleja el tipo de obra espiritual que desea realizar.

El proceso de renacimiento

Aunque he recibido extensas comunicaciones sobre el modo en que el espíritu desocupa el cuerpo físico, se me ha dicho muy poco sobre el proceso real de ingresar en un nuevo hogar. Los espíritus me dicen a menudo que se están preparando para retornar a la tierra, pero son parcos cuando se les pide que describan los medios. Bien puede ser que no tengan plena conciencia de ese complejo proceso o que las fases y eventos de entrar en el mundo físico sean imposibles de transmitir en ningún idioma. He tenido algunas revelaciones espirituales sobre el proceso del renacimiento; también leí muchos libros sobre este fenómeno, que te describo aquí. Mi información se basa fundamentalmente en experiencias de clarividencia y en las ideas teosóficas y de las escuelas de pensamiento orientales.

La palabra "encarnación" significa descenso a la carne. Cuando un espíritu desea volver al mundo físico, reactiva una parte específica de su ser, lo que en los círculos teosóficos se conoce como "átomo permanente físico" o "átomo-semilla físico". Este átomo-semilla es un campo de energía concentrada, localizado en el chakra del corazón. Este campo de energía concentrada es un cuadro kármico completo de las experiencias terrenales del alma. Cuando una persona está por atravesar una experiencia kármica, este cuadro se libera bajo la forma de una energía que fluye por los meridianos del cuerpo.

Este átomo-semilla está conectado con lo que llamamos "cordón de vida", la última hebra del cordón de plata. Ese cordón de vida es el encargado de suministrar al átomo-semilla toda la información kármica referida a un ser en particular. ¿De dónde viene esa información? Se encuentra en la "mente anímica" o "mónada", que es la energía etérea de la unidad total. ¿Me sigues? La mónada es una expresión microcósmica del universo perfecto innato en cada persona. Es nuestra expresión divina perfecta. La llamo "chispa de Dios" o "energía de la Fuerza Dios".

Una vez que este átomo-semilla se activa mediante la ley de la afinidad ("Las cosas similares se atraen mutuamente"), el alma comienza a crear en torno de sí una especie de campo energético de materia mental y astral. Esta materia forma el cuerpo mental y, al hacerlo, empieza a limitar los procesos de pensamiento, a fin de ajustarlos a la mente terrenal. El cuerpo mental está diseñado por lo que se ve y se incluye en la mónada del individuo. Es importante recordar que todos los planos de existencia están interconectados y entretejidos; y según el nivel particular de conciencia se producen diversos desarrollos simultáneos.

Se cree que el átomo-semilla se une con un cigoto o embrión en el momento de la concepción, con lo que se inicia el proceso del nacimiento. El cigoto y el átomo-semilla, juntos, emiten una vibración sonora que atrae energía del plano etéreo. Al mismo tiempo, un espíritu que está todavía en el plano astral comienza a incorporar sus propias vibraciones a los torrentes de materia que ingresan en las formas etérea, mental y física. Lo hace por un rayo de luz blanca que fluye entre el corazón del feto y el átomo-semilla de sus nuevos cuerpos mental y astral. En el momento de la fertilización, este rayo de luz desciende de las alturas anímicas hasta el esperma, y lo irradia con energías que pondrán en movimiento el proceso de nacimiento.[1]

Para entonces un alma ha descendido a las esferas inferiores del plano astral, donde comienza a atraer sustancia etérea, a fin de construir su cuerpo etéreo. Los vórtices de energía etérea o chakras comienzan a formarse en este período de gestación, como células que crecen de a una a la vez. Durante este período varios seres y fuerzas espirituales ayudan a crear, formular y proteger a este ser infantil. El hinduismo llama a estas jerarquías espirituales *devic* o seres elementales; en el cristianismo son los reinos angélicos. El alma permanece en el mundo astral mientras se está formando su recipiente físico. Cuando el equivalente etéreo está completamente formado, un espíritu comenzará a disminuir su vibración de conciencia para descender a la región conocida como "río del olvido". Los griegos se refieren a esto como el vínculo entre los mundos visible e invisible. Inmerso en estos éteres, el espíritu olvida su relación con la divinidad y todas sus existencias previas.

A menudo la gente me pregunta: "¿Por qué olvidamos quiénes somos y de dónde venimos?". Mi respuesta es que sucede por la gracia de Dios. En primer lugar, al no saber, sentimos menos nostalgia de nuestra existencia celestial. Segundo: si recordáramos todos nuestros errores y fracasos anteriores, podrían

---

[1] *Through Death to Rebirth*, de James S. Perkins.

obsesionarnos al punto de no permitirnos progresar ni cumplir con nuestra obra actual. Al olvidar los reinos espirituales comenzamos, por así decirlo, una página en blanco. No obstante, esta información kármica sigue siendo parte del átomo-semilla y es posible desentrañarla, según aumenta nuestra conciencia. Nada se ha perdido: sólo está olvidado. Cada uno de nosotros tiene muchas oportunidades de recordar su verdadero yo. En los meses siguientes a la fertilización se producen diversas etapas de desarrollo físico. Se activan tejidos, fibras nerviosas y músculos. Es durante este período, cuando los músculos comienzan a moverse, que la madre empieza a adquirir cierta sensibilidad psicológica para con la vida nueva que lleva dentro. En los reinos psíquicos, los seres elementales continúan con su trabajo de construir y completar la forma física. Es en esta etapa cuando el espíritu reconoce a su nuevo vehículo, pues percibe la atracción de ese cuerpo en formación. Además de esa atracción, la mónada o mente anímica que contiene toda la información kármica se proyecta hacia la atmósfera embrionaria. El espíritu percibirá esa corriente de energía en particular y cobrará inmediata conciencia de que es parte de ese nuevo ser. Varios meses antes del nacimiento ya flota en torno de su nuevo recipiente; entra en él y sale como si se lo probara. Es así como se familiariza con su nuevo ambiente. También tiene la oportunidad de reconocer cualquier problema físico o defecto con el que deba vivir. Hacia los últimos dos meses de gestación, el vínculo magnético entre el espíritu y su nuevo cuerpo se hace mucho más potente, por lo que pasará más tiempo en su nuevo hogar.

El momento de nacer es muy importante para el alma nueva. Hay una combinación de fuerzas que se funden en completa sincronía. Las energías planetaria, psíquica, física y espiritual interactúan en ritmo total. Por eso la fecha y el lugar de nacimiento tienen suma importancia, pues ese arreglo astrológico ayudará a determinar la raza, la familia y la situación social en la tierra. Hay un tiempo y un lugar para todo. Como las olas que castigan la playa, el nacimiento —al igual que la muerte— se presentan en su momento perfecto y natural, aun en los casos que llamamos "prematuros". En el momento preciso, el espíritu se establece por completo en su nuevo cuerpo, viaja por el canal del nacimiento y emerge en un mundo nuevo. Está listo para una vida plena de infinitas oportunidades espirituales.

ABORTO

A veces, en mis sesiones, algún espíritu habla sobre el estado del cuerpo materno y la importancia de mantenerlo sano, no sólo en el plano físico, sino también en el emocional, el físico, el mental y el espiritual. El espíritu que ingresa está ligado psíquicamente a su madre y absorbe todo lo que haya dentro del aura de la madre y en torno de ella. Una vez que la vida se pone en movimiento, la naturaleza se hace cargo y cumple con lo que sabe hacer. Si una madre no desea a su hijo, estos sentimientos quedan registrados en el aura y el bebé lo siente. Por añadidura, un golpe psicológico podría afectar al feto en formación en muchos aspectos, causándole defectos, por ejemplo. En el caso del aborto natural, creo que es el recurso de la naturaleza para poner fin a algún tipo de imperfección o defecto, que puede no sólo ser físico, sino etéreo o mental.

Esto me lleva al controvertido y doloroso tema del aborto provocado. Cada vez que lo menciono, se me acerca alguien para expresar su tristeza, la sensación de pérdida y el remordimiento. En un embarazo saludable, las fuerzas se ponen en movimiento y construyen un recipiente hasta el nacimiento o la terminación. Cuando se produce un aborto, el espíritu aún no ha investido el cuerpo por completo y regresa al mundo de Dios. Allí esperará que se presente otra oportunidad adecuada. Recordemos que todo ser nuevo está ligado a su madre en el espíritu y tiene absoluta conciencia de que se puede producir un aborto.

En la mayoría de mis sesiones sobre este tema parece que los abortos tienen lugar para el crecimiento espiritual de la madre. Antes de encarnar, el espíritu establece situaciones tales como la de practicarse un aborto a fin de elaborar ciertas lecciones relacionadas con la autoestima, la culpa, el fracaso y el amor por uno mismo. ¿Hay un efecto kármico en encarnaciones futuras para la mujer que comete este acto? No necesariamente. Con suerte, ella aprenderá, adquirirá más amor por sí misma y lo tendrá más claro tras pasar por una experiencia emocional tan difícil.

VIVIR EN EL MUNDO FÍSICO

A medida que los recuerdos del mundo celestial de luz y alegría se esfuman con lentitud y son reemplazados por una sensación de pesadez y frío, el alma recién llegada se siente algo confusa al ingresar de nuevo en el mundo físico. Se la ha separado de un mundo de orden y pertenencia; en su lugar encuentra inseguridad y se siente sola. Ya no es un espíritu que flota en un mundo de color, luz, sentimientos y maravillas. Ya no viaja a la velocidad del pensamiento. Tampoco hay nadie que le lea la mente. El espíritu está cautivo, una vez más, de un mundo donde la energía es densa; los colores, opacos y tristes; la única luz que ve emana de un sol.

Aunque el espíritu es bastante "viejo" cuando encarna, en cierto sentido es flamante. Claro que lleva consigo un bagaje de lecciones kármicas, pero debe experimentarlas con cuerpos recién formados: el mental, el emocional y el físico. Para satisfacer sus necesidades físicas confiará en parte en sus instintos

inferiores, pero ¿qué pasa con los aspectos emocional
y mental de su ser? ¿Cómo han de ser desarrolla-
dos y fomentados? Equipado con su plan de vida, el
espíritu debe enfrentarse al mundo de la carne para
cumplir su destino. Debe aprender a amar, a sufrir y
a crecer. El resto de su vida en la tierra será modela-
do por sus relaciones, su religión y la sociedad en la
que viva. La vida ha descrito un círculo completo y
el espíritu viaja una vez más a través del tiempo.

SEGUNDA PARTE

Habla el espíritu

Mientras el alma viaja hacia la perfección en este plano físico, encuentra picos y valles de circunstancias que ponen a prueba su fuerza. Las pruebas de autodominio en el mundo físico no siempre son fáciles. Muchas veces preferiríamos flaquear antes que soportar el dolor. Es preciso recordar que al final del viaje nos espera algo por lo que vale la pena dar todos esos pasos arduos y tortuosos; entonces avanzaremos con gozo. Debemos tener en cuenta que nunca estamos solos; siempre habrá seres amados y guías iluminados dispuestos a orientarnos con su apoyo y su fuerza.

Aunque el alma debe pasar por miles de pruebas en esta tierra, las lecciones del corazón pueden ser las más difíciles. Tocan el núcleo de nuestro ser con la ternura del amor y la amargura del dolor. Exponemos a otros nuestras partes más íntimas, en la esperanza de que nos acepten y nos amen. Si no lo hacen, nos cerramos un poco; cada vez que se nos rechaza, un poco más. Luego empezamos a manipular a otros, en un intento por ser reconocidos y tratados como deseamos. Es el miedo lo que nos impide superar estas pruebas emocionales del yo. Permanecemos varados en las ilusiones de la realidad, hasta que asumimos el mando y dominamos la parte emocional de nuestro ser.

En este lado del velo he recibido a muchos que acudieron a mí con el corazón agobiado. Buscan una oportunidad de ponerse en contacto con sus seres amados, una vez más, para apaciguar su desasosiego. Comprenden que necesitan manejar esos sentimientos no resueltos para avanzar en su crecimiento físico, mental, emocional y espiritual. Y esto vale también para quienes están del otro lado del velo.

En esta etapa del viaje me gustaría compartir contigo varias sesiones que, a mi modo de ver, representan algunas de las pruebas emocionales y tribulaciones más comunes que debemos experimentar. Tengo la esperanza de que, al analizarlas, abras la mente y el corazón para curar situaciones similares en tu propia vida. Tal vez puedas beneficiarte leyendo sobre las desgracias y errores ajenos, y evitar así la necesidad de experimentar los mismos peligros. Cuanto menos, espero que descubras una nueva comprensión de ti mismo y de otros.

Por respeto a la intimidad, he alterado los nombres de los individuos involucrados, pero me mantengo fiel a las revelaciones y mensajes transmitidos.

8

Expectativas

Cada uno es inigualable. No te compares con
nadie, para no arruinar el plan de Dios.
                                —Baal Shem Tov

S
i no eres fiel a la voz interior o a la fuente divina que hay dentro de tu corazón, no puedes ser
feliz. Muy a menudo decimos o hacemos algo
que no es del todo sincero, sólo para caer simpáticos
o para sentirnos amigos de otra persona, pero tarde
o temprano nos arrepentimos. Éste es sólo un pequeño ejemplo de "complacencia", pero ¿cuántos,
mucho más graves, hemos cometido por miedo a ser
rechazados? Muchas personas sacrifican sus sueños
individuales para satisfacer los deseos ajenos.

Yo estuve a punto de hacerlo. El sueño de mi
madre era que uno de sus hijos se consagrara a la
religión. Decidí satisfacer ese deseo convirtiéndome
en el sacerdote que mi madre anhelaba. ¿Por qué?
Porque pensaba que, de ese modo, ella se enorgulle-
cería y me amaría más. No obstante, abandoné
después de pasar un año en el seminario, al com-

prender que me faltaba vocación espiritual para el sacerdocio. No era mi deseo, sino el de mi madre. Por entonces ignoraba que su amor estaba conmigo y me acompañaría siempre.

En la niñez es natural que nos esforcemos por conquistar el amor de nuestros padres y que ellos quieran modelarnos según sus expectativas. No obstante, para quienes pertenecen a familias exigentes o poco cariñosas, el esfuerzo de complacer termina siendo infinito. Al crecer, los niños retienen en el subconsciente los deseos de sus padres, y los incorporan a su programación. Cuando son adultos, la autoestima depende de complacer a otros, tal como antes trataban de complacer a sus padres para ser amados. Al final, esos adultos nunca viven por sí mismos.

Una de las situaciones más trágicas (y más comunes) que suelo encontrar en mi trabajo es que un espíritu exprese remordimientos por haber llevado una vida insatisfactoria. Por suerte, al ingresar en la vida superior las almas que se encuentran en este aprieto responden rápidamente al amor incondicional ofrecido por los afectuosos seres espirituales presentes. Empiezan entonces a convertir sus pesares en esclarecimiento y aprenden a considerarse valiosos. Aprecian las muchas tareas realizadas y todo el amor que brindaron a otros en la tierra. ¡Cuánto mejor sería que hubieran podido expresar en vida su verdadera naturaleza! Todos hemos sido puestos en esta tierra para descubrir el camino propio; jamás seremos felices si vivimos según una idea ajena de la vida.

Es una pena que tantos de nosotros tengamos expectativas sobre cómo deberían ser las cosas, cómo deberíamos ser o no ser. Los casos siguientes ofrecen algunos ejemplos de expectativas poco realistas o no cumplidas. Muchos me entristecen, porque en la mayoría de los casos el potencial del individuo queda sin realizar y existe un gran arrepentimiento por no haber vivido en plenitud.

EL SUEÑO DE UN PADRE

Vinieron a verme dos muchachas, llamadas Adrienne y Paula. Sólo puedo describirlas como atractivas jóvenes californianas, de larga cabellera rubia. Al mirarlas nadie habría sospechado que pudieran tener un problema. Sin embargo, había una profunda preocupación escondida tras sus ojos azules. Después de pasar media hora con ellas, tuve que decir:

—De pronto siento un frío increíble a mi alrededor. Me está poniendo la piel de gallina. ¿Alguna lo siente?

Como las dos negaran con la cabeza, proseguí:

—Experimento una horrible sensación de tristeza. Parece que alguien llora.

La expresión de las muchachas cambió de pronto.

—Aquí hay un hombre que parece muy afligido.

No sé por qué. Insiste en mostrarme un auto. Parece un Impala. No sé mucho de autos, pero eso es lo que me viene a la mente.

Una de ellas dijo titubeando:

—Sí.

La otra empezó a sollozar.

—Este hombre me habla del garaje, de estar en el garaje.

Ahora las dos lloraban.

—Percibo el nombre: Carl.

—Sí, así se llamaba nuestro padre. ¿Está bien? Díganos, por favor.

La sensación de tristeza se acentuaba.

—Soy yo, dice. Está diciendo Carl, con el coche.

—Sí, coleccionaba autos antiguos. Lo encontraron en su Impala negro. Dios mío, ¿es él?

—Sí, es él. Está con alguien llamado Frank. Se alegró mucho de ver a Frank. Frank lleva allá mucho tiempo. Carl me dice que echaba de menos a este Frank. Desde luego, es alguien que está allá desde hace muchísimos años.

Las chicas menearon la cabeza. La de mi derecha habló:

—Frank era su hermano; murió cuando eran niños, hace más de cincuenta años.

—Lo siento, pero debo decir que su padre es una persona muy triste. Recibo la sensación de que trabajaba demasiado. ¿Hacía algo con cajas? Recibo una sensación de cajas y cinta adhesiva.

—Tenía una empresa de embarques.

—Dice que lo siente, una y otra vez —les manifesté—. Trabajaba mucho, hasta muy tarde. Insiste en que lo siente.

—Sí, es cierto. A veces trabajaba sin parar durante varios días; ni siquiera venía a casa. Era un fanático del trabajo.

—Está preocupado por una tal ¿Jenny o Janie?

—Ginny, nuestra madre —fue la respuesta—. Ella está muy afligida.

—Él no se trataba bien, en realidad. Parece haber sido muy exigente consigo mismo. Iba siempre en busca de algo. Me dice que quería ser el mejor de los padres. ¿Quién es Adrienne?

—Yo —dijo la muchacha sentada a mi izquierda.

—Tu papá, Adrienne, lamenta no haber estado en tu boda, para llevarte al altar.

—Me casé dos semanas después de su muerte. ¡Te queremos, papá! —gritó ella.

A esa altura los tres nos emocionamos mucho. Yo mismo tenía dificultad para contener las lágrimas.

—Dice algo sobre una nuez o un cacahuete... habla de tener un cacahuete. No tengo idea de lo que quiere decir.

—"Cacahuete" era su perro. Murió atropellado por un auto. Mi padre quedó destrozado.

—Ese perro ¿era pardo y blanco?

—Sí, sí. Era el debilucho de la camada y papá siempre le tuvo lástima. Solía ponérselo bajo el brazo y lo llevaba de un lado a otro.

—Insiste en que no fue justo consigo mismo.

Dice que debería haber trabajado menos, pero creía que eso era lo que su familia esperaba de él. Pensaba que, como padre, debía trabajar mucho para mantener a su familia. Nunca quiso que su esposa o sus hijas trabajaran.

Habló Paula:

—No paraba nunca. Se lo decíamos una y otra vez: "Por favor, papá, no trabajes tanto". Pero no paraba. Mamá solía decir que era terco.

—Y después quebró su empresa —añadió Adrienne—. Creo que no pudo soportarlo. Pasó mucho tiempo con una terrible depresión. Se aisló, se volvió callado. No comprendíamos qué le pasaba.

—Repite que les falló a todos —dije, sintiendo la desesperación del hombre—. Él no se quería a sí mismo. Me dice que era demasiado crítico. Lamenta haber sido tan exigente consigo mismo, no haber apreciado más la vida. Quiere que todos sepan que está aprendiendo a amarse.

—¡Bien! —exclamó Paula—. Te queremos, papá.

—Dedicaba tanto tiempo a ocuparse de otros que no tomaba tiempo para sí —dije—. Ahora me muestra una guantera... dentro de un coche. Veo una mano que la abre. No sé qué significa. Ésa es la impresión que me da.

—Sí —dijeron las muchachas.

—Allí estaba la pistola —continuó Paula—. La que usó en el coche.

De súbito sentí el frío metal de una pistola en la boca. Sentí el gatillo presionado y una explosión dentro de mi cabeza. Quedé aturdido. Tuve que permanecer inmóvil varios minutos antes de reanudar la sesión.

—Dice que ahora está bien. Lleno de vida. Y que está con Mums. ¿Quién es ella?

—Mums era su madre. Murió hace algún tiempo. Me alegro de que esté con él —comentó Paula.

—"Me hizo pastel de manzana", dice.

—Era su especialidad. Cuando estábamos enfermos o necesitábamos levantar el ánimo, ella nos hacía pastel de manzanas. Así las cosas parecían mejorar un poco —reconoció Paula.

En cuanto las muchachas dijeron eso, tuve la impresión de que las jóvenes recibían sendos platos llenos de consolador pastel de manzana.

Varios meses después de esta sesión, Adrienne me llamó para contarme que había soñado con su padre. Estaba en un parque, con él y Cacahuete, el perro. Su padre le mostró una preciosa casa que había hecho, de mármol blanco. Tenía techos muy altos y habitaciones amplias, encantadoras. Su padre le dijo que la casa representaba el amor que había encontrado dentro de sí. Ahora vivía a cuerpo de rey. ¿Y por qué no? ¡Lo merecía!

MI PRINCESA

Cuando conocí a Anthony tuve la sensación de que yo era Pulgarcito y él, el gigante. Me clavó los ojos oscuros, penetrantes, desde una altura de un metro noventa y tres; los bigotes muy recortados le daban un aspecto casi siniestro. No obstante, parecía no saber del todo a qué había venido y daba golpecitos nerviosos en el suelo con el pie. Cuando le expliqué mi manera de trabajar, tratando de que se sintiera más a gusto, él se limitó a asentir con la cabeza, y dijo con un gruñido:

—Ajá.

Esos primeros quince minutos fueron una tortura. Yo percibí psíquicamente cierta preocupación por su salud y un posible problema en el trabajo. Él reconoció esos aciertos con un manso "ajá". Empecé a temer que ese hombre, con su vacío emocional, me dificultara la sintonización del mundo espiritual.

Por fin comencé a recibir algunas impresiones espirituales.

—¿Conoce usted a alguien llamado Joseph? —le pregunté—. Tiene algo que ver con Filadelfia.

—No —contestó—. Bueno, sí.

Le dije que ese hombre estaba hablando de su padre. En ese punto el callado Anthony abrió la boca para decir que Joseph era el padre de su padre. El abuelo se presentó con detalles increíbles: el nombre del parque donde Anthony jugaba cuando niño, los nombres de sus dos hermanas y las circunstancias de su propia muerte. Pero el gigante sentado frente a mí apenas se conmovió; era obvio que no estaba muy impresionado. Hasta que pronuncié un nombre en especial.

—Su abuelo habla de alguien que se llama Donna. ¿Conoce usted ese nombre?

—Sí, sí, claro —respondió, enarcando las cejas.

—Joseph me encarga decirle que está con Donna. Tiene aquí a Donna y quiere hablar con usted. ¿Comprende, Anthony?

De pronto comenzó a sollozar de un modo incontrolable. Ese hombre estoico y serio, que pocos minutos antes era incapaz de pronunciar una frase completa, lloraba ahora como un niño. Me ocupé de que estuviera cómodo, pero al mismo tiempo debía mantener mi concentración para seguir recibiendo las vibraciones espirituales.

—Ahora oigo una voz de mujer. Es una especie de sonsonete. Repite: "Ton". Supongo que es el diminutivo de Anthony.

—Siempre me llamaba así —balbuceó él—. ¿Cómo está? ¡Mi amor, mi amor! Por favor, dígale que lo siento. Dígaselo, por favor.

—Dice que está vivita y coleando. Es una hermosa mujer, de silueta como reloj de arena y larga cabellera castaña. Podría ser una modelo.

Anthony asintió.

—Me dice que usted fue siempre el jefe. Me muestra un armario lleno de vestidos. Y ahora, cientos de zapatos. ¡Es increíble! Vestidos, abrigos, zapatos, todo ese tipo de cosas. Me dice que usted le elegía toda la ropa. ¿Es cierto?

—Sí, sí, es cierto. Yo le compraba todo, ¡todo! Ella era mi princesa y como a princesa la vestía —insistió.

—También me muestra diamantes, rubíes, pendientes, brazaletes, todo tipo de joyas.

—Yo le regalaba de todo. No había nada en el mundo que no le comprara. Quería que fuera la mujer más hermosa del mundo.

—Donna me dice que usted la quería perfecta. Ahora habla de Las Vegas. Trabajaba en Las Vegas o estaba allí.

A esa altura Anthony estaba concentrado por completo en lo que escuchaba.

—Sí —dijo—. Nos conocimos en Las Vegas. Yo estaba con unos amigos. Es verdad.

—Me dice algo sobre un premio... o una apuesta.

—¡Cielo santo! —gritó Anthony—. ¿Cómo diablos pudo usted saber eso? —Se frotó los ojos con la mano. Luego empezó a hablar con parquedad, como si desentrañara un secreto lóbrego y profundo. —Yo... la gané.

—¿Qué dice usted?

—La gané en una apuesta con unos tíos. Pero no fue como parece. Me enamoré de ella. Nos queríamos —dijo, mansamente.

En mi carrera de médium he escuchado muchas cosas, pero nunca nada como eso. Recuerdo haber pensado: "Justo cuando uno cree que ya nada lo sorprende...".

—No es lo que parece —comenzó Anthony—. Al principio pensé que era sólo una prostituta, usted me entiende, pero ella era buena persona. Para mí era más que eso. La quería, de veras, y ella me quería también. Fue algo especial. Nos casamos, pero... —Se le quebró la voz. —No la traté como debía. Fui un cretino.

Meneó la cabeza, con la cara llena de lágrimas. Le entregué unos pañuelos de papel; le consulté si prefería interrumpir la sesión. Pero él quería comunicarse con su "muñequita".

—¿Sabe que traté de comunicarme con ella? Dígaselo, por favor. Dígale que siento lo de la operación. ¡Por favor, dígaselo!

Le expliqué que podía enviar él mismo esos pensamientos, que ella podría escucharlo. Pero entonces Donna interrumpió.

—Me encarga preguntarle por los gemelos. Me está mostrando unos gemelos de oro con un ancla grabada en cada uno.

—Sí, me los regaló en nuestro aniversario.

—Dice que usted nunca los usa.

—Por Dios, ayer mismo los estuve mirando. Apenas puedo creerlo. Es tan real...

—Donna dice que está encontrando la felicidad. Quiere hacerle saber que la culpa no fue toda de usted, sino también de ella, por no pensarlo mejor.

Anthony me miró con ojos enrojecidos y habló con suavidad.

—Traté de hacerla como yo la quería. Fui un tonto. Me quedé sin nada.

Bajé la vista al suelo. Entonces oí a Donna una vez más.

—Habla de ir a París y a Beverly Hills. Me muestra un espejo. No tengo idea de lo que significa, pero me muestra un espejo.

—Es eso. La llevé allá para que la operaran —explicó Anthony.

Más por curiosidad que por otra cosa, pregunté:

—¿Qué clase de operación?

—En el cuerpo y en la cara. Conocía a unos médicos que podían mejorarla. Ya me entiende usted.. cambiarla, hacerla como yo la quería. Y se hizo algunas operaciones.

—¿Cuántas?

—No sé. Veintitantas. Sé que habría debido impedírselo, pero ella quería complacerme. Quería ser tal como yo la deseaba. Es culpa mía que haya muerto. Dígale que lo siento, por favor.

Quedé estupefacto. No quería superponer mi propio criterio a lo que había escuchado. Continué, con la esperanza de que se pudiera curar esa situación.

—Ella sabe que usted está arrepentido. Habla de Cliff. Clifford. No quiere que usted le demande.

—Esta semana voy a tribunales. Donna iba a reducirse el busto. Ese hombre le puso demasiada anestesia. ¡La mató!

—No lo culpe a él —le dije—. Dice Donna que le falló el corazón. Tenía algo malo en el corazón y reaccionó a la anestesia.

Anthony replicó:

—Ese Clifford era el anestesista. Le aplicó lo que no debía. Pero sé que, en realidad, fue culpa mía. Insistí para que se operara. Ella lo hizo por mí. ¿Cómo puede perdonarme?

—Sabe que usted está arrepentido y le perdona todo —insistí—. Dice que por fin se considera bonita. Al fin comprende que su belleza no está en lo exterior. Cuando estaba con usted cometió el error de no ver su propia belleza interior. Quiere que usted piense en Rosarita. Creo que se refiere a Rosarita, México. Me muestra una especie de café. Los dos están sentados ante una mesa pequeña. Parecen felices.

Anthony me miró con asombro.

—Allí solíamos ir para escapar. Era una cafetería pequeña. Solíamos hablar de instalar una así cuando fuéramos viejos.

Lo miré.

—Algún día cumplirá su sueño de tener un café ya sin preocupaciones por el aspecto físico. Todo será disfrutar el uno del otro y de la atmósfera creada.

Anthony salió renovado de mi oficina. Según reconoció, lloroso, había sufrido un dolor terrible por causa de sus mezquinas expectativas con respecto al físico de Donna. En vez de comprender que el amor de ambos era la verdadera belleza, trató de convertirla en una hermosa muñeca.

Al final fue un alivio saber que el amor de su vida aún existía y que lo estaba esperando en el cielo.

¡ES INCREÍBLE!

Quiero relatar la maravillosa experiencia que tuve con una familia notable. La cita había sido solicitada para dos personas, pero se presentaron

cinco. La primera en cruzar el umbral fue Cleo
Monroe, la madre. Luego entraron las hijas, Jasmine
y Caroline, seguidas por el esposo de ésta, Walter,
que traía en silla de ruedas a un joven de unos veinte años. Se llamaba Lenny; padecía de distrofia
muscular y apenas podía hablar, pero de algún modo me dio la impresión de estar muy evolucionado
en lo espiritual. Walter instaló la silla a un costado;
todos los demás se distribuyeron en el sofá y en los
sillones que lo rodeaban.

La exuberancia y el candor de esta familia me
resultaron muy gratos. Con frecuencia hay muchos resentimientos y altercados entre parientes.
Después de las explicaciones preliminares sobre
mi trabajo, me apoyé en el respaldo para meditar,
a fin de abrirme a los espíritus. Por el amor que
percibía en esa familia supe que iba a pasar por
una experiencia increíble.

A la derecha de Cleo divisé a un espíritu; era
una mujer corpulenta, con un vestido a rayas verde
menta y un sombrero blanco. La acompañaba un
hombre cinco centímetros más bajo, de traje azul
oscuro y corbata azul celeste. Ambos me saludaron
con grandes sonrisas. Al instante supe que eran los
padres de Cleo, cosa que ella confirmó.

—Su madre usa la palabra "Mama" —dije.

Todo el mundo movió afirmativamente la cabeza. Cleo respondió:

—Ajá, así la llamábamos todos. ¿Cómo está del
reumatismo, ahora?

El despreocupado comentario de la señora nos hizo reír.

—Mama me dice que le encantan esos bonitos ángeles del escaparate y que no hay que darse por vencido todavía; es demasiado pronto.

Caroline interrumpió:

—¿Ves, mamá? ¡Te lo dije! Tenía la sensación de que aún no debíamos vender.

—Su padre habla de no hacer una tontería, después de trabajar tanto. Creo que se refiere a todos. Mama comenta que le gustan mucho los ángeles y que resultan muy útiles a muchas personas. Me habla de la tienda. Le encanta la tienda.

Walter interrumpió:

—Esto es increíble.

—¿Por qué? —pregunté.

—Bueno, tenemos una tienda que compramos con el dinero que Mama nos dejó en su testamento, pero como no marcha muy bien, estábamos pensando en venderla.

—¿Qué clase de tienda? —le pregunté.

Walter me miró a los ojos.

—Una tienda de ángeles. Vendemos cosas relacionadas con los ángeles.

Pasaron algunos momentos; continué con otro mensaje.

—Esta Mama es todo un personaje. Me gusta. Está llena de alegría de vivir.

—Sí, tiene razón. Mama fue siempre el alma de las fiestas —exclamó Cleo.

—Dice su madre que, anoche, usted hizo el puré como lo hacía ella.

Jasmine habló por primera vez.

—Sí, mamá nos preparó pollo frito con puré según la receta de la abuela. Estaba rico, como lo hacía Mama.

Entonces oí que Mama reía junto a mi oído derecho, diciendo:

—¡De ningún modo! ¡Le pusiste demasiada mantequilla!

Lo repetí para el grupo y compartimos una gran carcajada.

—Este hombre, ¿se llama Eddie? Dice y repite: "Eddie".

—Sí —dijo Walter—, así se llamaba.

Cleo intervino:

—Pero todos lo llamábamos Buddy. Eddie era su nombre de pila.

—Este hombre me da la impresión de renquear. ¿Tenía alguna dificultad en la pierna izquierda?

Las dos muchachas respondieron:

—¡Sí!

Jasmine añadió:

—Lo hirieron en la guerra. Tenía un fragmento de metralla clavado en la pierna.

—Ahora baila. Dice que ya no renquea.

—¡Alabado sea el Señor! —gritó Cleo.

Les comenté que trabajar con ellos era estupendo. Estaban tan abiertos... Parecían entender perfectamente en qué consistía el proceso de la comunicación espiritual.

—Es lógico –me contestó Cleo—. Nos criamos con esto. Mama solía llevarme a los espiritualistas desde que era pequeñita.

—¡Y siempre nos leía las hojas de té! —añadió Jasmine.

—Ahora me explico —dije.

Debo recordar que, durante todo este tiempo, Lenny estaba allí, sentado en su silla de ruedas, sin poder hablar. Pero eso no le impedía lanzar gritos de entusiasmo, sobre todo cuando llegaba información que él comprendía. De pronto se presentó un espíritu inesperado, cuya voz me sobresaltó por completo.

—¿Alguien conoce el nombre de Ross?

Lenny dejó escapar un alarido penetrante.

—¡Sí! —gritaron todos al unísono.

—¡Es papá! —aclaró Caroline.

Luego todos empezaron a hablar al mismo tiempo:

—¿Cómo estás, papá? ¿Cómo te sientes ahora, papá?

Me costó concentrarme en lo que el padre tenía que decir.

Debería señalar que ese hombre, a diferencia de los otros espíritus, prefería no mostrar su aspecto físico, en cambio me transmitía su personalidad.

Describí a la familia lo que estaba recibiendo.

—Este hombre es algo difícil. Es decir: parece muy terco y no quiere que nadie le indique lo que debe hacer. ¿Tiene sentido esto?

—Sí —gritaron todos a una voz.

Cleo continuó:

—Era un incordio. ¿Verdad, papá? —Ross era el esposo de Cleo, pero ella, como los demás, lo llamaba "papá". —Creía saberlo todo y pensaba que los demás estábamos locos —añadió, riendo para sí.

Luego comenzó a compartir conmigo las ideas de su marido sobre todo lo espiritual.

—Nunca creyó en nada de todo esto. Él pensaba que, cuando uno moría, era enterrado y pasaba a ser la cena de las lombrices.

Jasmine añadió:

—Cada vez que uno de nosotros mencionaba siquiera el cielo, papá decía que, si existía, lo más probable era que ninguno de nosotros lo viera jamás, porque nos iríamos al infierno por hablar tanto con los muertos.

—Estaba muy apegado a la Biblia —dijo Caroline—. Sólo creía lo que leía en ese libro. Era hijo de un predicador de Misisipí.

Lenny dejó escapar otro alarido agudo, como para indicar que estaba de acuerdo con su hermana.

En ese momento recibí una fuerte impresión de los sentimientos del padre, que empecé a relatarles.

—¿Él tuvo problemas en los pulmones antes de morir? Porque me da a entender que no puede respirar. Siento que no puedo llenar de aire los pulmones —dije y me apreté el pecho.

—Murió de enfisema —aclaró Walter.

—Me dice que se encontró con alguien llamado Libby.

—Ah, sí, era su hermana. Murió hace unos veinte años —apuntó Cleo.

—Dice que se acuerda del hospital y de lo difícil que era respirar. Sabía que iba a morir. Y cuando así fue, despertó en un bello lugar. Era como una sala de urgencias, pero distinta de cualquier lugar de la tierra. Al principio creyó estar soñando, pues todo era muy hermoso. Me está mostrando un jardín de flores. Y gente. Y me imprime el pensamiento de que no sabía dónde estaba. Se le presentó su hermana Libby y él no podía creerlo. Pensó que vería a Jesús y a los ángeles, pero ella insistía en que las cosas no eran así. Dice que se encontraba con personas que llevaba años sin ver. Que todo era muy real, que el lugar le parecía muy real. Luego vio a sus padres, muy bien vestidos. Ahora ríe. Dice que su madre tuvo el pelo blanco casi toda su vida, pero ahora lo tiene castaño. También tenía una marca de nacimiento en el cuello, pero ya no está allí. Me dice que se encuentra en un lugar maravilloso, en el campo, parecido al sitio donde se crió. Todo es muy sereno y apacible. Dice que sale de pesca todos los días.

—Siempre íbamos a pescar juntos —intervino Walter.

—Me dice que lamenta haber creído que la vida terminaba en la tierra. Ahora sabe que es muy natural seguir viviendo cuando abandonamos el cuerpo. Me encarga decir que siente no haber creído antes en el lado espiritual de la vida. Ahora está mejor informado. Decididamente, no es como él esperaba.

—No importa, papá, te queremos —replicó Caroline.

El resto de la familia lo confirmó, incluido Lenny.

Luego Ross dirigió a su hijo un mensaje especial, profundamente conmovedor. Le dijo:

—Fuiste puesto en esta tierra con una discapacidad para enseñar a los que te rodean lo que significa el amor incondicional.

Al oír eso toda la familia declaró:

—¡Aleluya!

La cariñosa aceptación que encerraba el mensaje de Ross (más aún, la calidez de esa familia tan unida) es preciosa y rara. Como Anthony, uno pretende perfección del mundo exterior o, como Carl, se la exige a sí mismo. Quizá lo adquirimos de nuestros padres o maestros, quienes nos criticaban tanto que nos esforzábamos por ser perfectos a cualquier precio, a fin de complacerlos. El perfeccionismo es una maldición.

En último término, la vida nunca será del todo gratificante ni apreciable si no cobramos conciencia de nuestro poder interior, nuestra vinculación con la energía de la Fuerza Dios. Para hacerlo debemos renunciar a las expectativas y vivir la existencia a la que estamos destinados por nuestro carácter único. La paz sólo llega cuando somos leales a la naturaleza del alma.

9

Culpa

Sufrimos primordialmente, no por nuestros
vicios o debilidades, sino por nuestras ilusiones.
No nos persigue la realidad, sino las imágenes
con las que la hemos reemplazado.
—Daniel J. Boorstin

A menudo oigo decir: "Un poco de culpa hace
bien al alma". Pero no estoy de acuerdo. No
me refiero al auténtico remordimiento por
un mal que se puede enmendar, sino al tipo de
autoflagelación que va de la mano de sentimientos
de baja autoestima e ineptitud.

Con frecuencia nos sentimos culpables debido a
algún tipo de expectativa que nos imponemos acerca
de cómo deberíamos comportarnos. Por lo general
esa expectativa se basa en el miedo. Decimos o
hacemos algo por miedo, porque creemos que no es
posible decir la verdad. Más adelante nos arrepentimos de las mentiras y despropósitos; nos sentimos
culpables por esos errores. En el fondo, creemos que
hemos pecado y merecemos un castigo.

Ninguna forma de autocondena puede hacer
bien al alma. La culpa no sólo provoca falta de

armonía entre los cuerpos espiritual y emocional, sino que puede estar relacionada con muchos de los trastornos de salud que padecemos, como surge de las siguientes sesiones.

CREO QUE LA MATÉ

Esta sesión fue realizada en 1995, en mi casa. Por entonces yo comenzaba a ser conocido por mis presentaciones en televisión. Una televidente me envió una carta en la que me suplicaba una sesión. "Mi vida está en ruinas —decía—, y no puedo continuar."

Dana medía poco menos de un metro ochenta y estaba excedida de peso. Cuando entró sentí su carga de desesperación y abatimiento. Había pesadez en el aire.

Me saludó con un encantador "buenos días", con leve acento sureño, y me agradeció calurosamente que le hubiese dado cita.

—Su asistente llamó para decirme que se había producido una cancelación —me dijo—. Es una señal del cielo, porque hoy es el cumpleaños de papá.

Le dije que el mundo espiritual opera de maneras muy misteriosas cuando quiere darse a conocer. Ella sonrió, como si supiera algo que yo ignoraba. Nos sentamos juntos e inicié mi oración.

Pasó cerca de media hora antes de que se presentara Elsie; me di cuenta de que era el espíritu que Dana estaba esperando.

—Tengo aquí a una señora con un bonito vestido floreado. Tiene cutis muy suave y pelo castaño, recogido hacia arriba. Me dice que ahora no tiene sólo unos pocos mechones, sino toda la cabellera.

Ante esa información, Dana sacó algunos pañuelos de papel para secarse las lágrimas.

—Ésa es mamá. ¿Está bien? —preguntó con suavidad.

—Dice que sí, que pasó sin problemas. Me está hablando de la cicatriz. Una cicatriz cerca del labio. ¿Es correcto eso?

Dana meneó la cabeza.

—Con franqueza, no recuerdo. ¿Por qué menciona eso?

—Es una manera de identificarse. Mis guías siempre piden que los espíritus den información para verificar su presencia.

Ella abrió el bolso y, después de revolver el contenido por algunos segundos, extrajo una fotografía y la observó.

—Oh, sí, usted tiene razón. Tiene una cicatriz pequeña cerca del labio inferior. Véala. —Me mostró la foto. En efecto, allí estaba la cicatriz.

—Tu madre habla de alguien que se llama Stella. ¿La conoces? —pregunté.

—Sí, es mi hermana.

—Y no le diriges la palabra. Tu madre me dice que hubo una pelea. ¿Existe también alguien llamado Paul?

Dana no podía creer lo que oía. Me miró con aire maravillado.

—Sí; es mi hermano, Paulie. Reñimos, sí. Oh, Dios mío. ¿Qué está diciendo? Por favor, mamá, ayúdame.

—Tu madre me muestra una especie de documento. No sé qué significa, pero siento que guarda alguna relación con tribunales. Me transmite una sensación de juicio o audiencia en tribunales.

—Continúe —dijo ella—. Comprendo.

—Dice que de eso no saldrá nada bueno. Debes decirles que eso no acabará bien y que está mal comportarse así.

—No lo creerán jamás. ¿Cómo puedo hacer para que me crean? —preguntó Dana.

—Hazles escuchar la grabación de esta sesión —respondí.

Mi comentario no pareció alterar su actitud: Dana seguía perpleja.

—Dice tu mamá que está con Marty. ¿Conoces ese nombre?

Dana volvió a llorar.

—Sí. Feliz cumpleaños, papá.

—Siento que este hombre fumaba y tenía problemas respiratorios.

—Sí. Murió de enfisema. ¿Está bien?

—Está bien, sí. Cuida de tu madre y de alguien más. Suena parecido a Don.

Ella asintió.

—Donnie, sí, su hermano. Murió hace un mes.

En ese momento la sesión tomó un giro dramático.

—Tu madre me muestra una escena; estás arrodillada junto a su cama, rezando el rosario.

—Sí, sí —exclamó Dana—. Rezaba por ella todos los días. Quería que cesara el dolor. Ella no hacía más que gemir. Yo tenía que ayudarla. Rezaba pidiendo ayuda. Espero haber hecho lo correcto, mamá.

Continué con mis impresiones y traté de expresarlas del modo más preciso posible.

—¿Tu madre estaba en coma? —pregunté.

—Sí —reconoció Dana, entre lágrimas—. Sufrió un derrame cerebral. No podía respirar por sí sola. La conectaron a máquinas. Yo no soportaba verla así.

Lo que dije a continuación me pareció increíble:

—Tu madre me está diciendo que le retiraste el tubo de la garganta.

Dana temblaba. Bajó la vista a sus pies.

—Sí... sí, es cierto. No quería matarla. Pero no soportaba verla sufrir tanto.

Me horroricé. Aunque en mi trabajo estoy habituado a oír todo tipo de cosas, soy sólo un ser humano. Debo ser muy objetivo y no siempre es fácil.

Sentí el dolor de esa muchacha. Un momento después seguí transmitiendo el mensaje de la madre.

—Tu madre dice que no importa. Que fuiste valiente. Fue un acto de amor. Quiere hacerte ver que lo hiciste por amor. Dice que se fue cuando Dios lo quiso.

Todavía con la vista en los zapatos, Dana preguntó:

—¿La maté?

—Tu madre me dice que no estaba en tus manos. Que de cualquier modo siguió con vida. —Me incliné hacia ella para a tocarle la mejilla y levantarle la cabeza. —Ella no murió en el acto, ¿verdad?

Sacudió la cabeza.

—No, sobrevivió una semana más. Los médicos dijeron que ya tenía el corazón demasiado débil. Y al fin falló.

Le pregunté:

—¿Y por qué te sometes a todo esto, si no la mataste? Se fue naturalmente.

—Es que Paulie y Stella me han acusado de matarla. Van a llevar el caso a los tribunales. En realidad, no sé si podré seguir soportando esto.

Durante cinco minutos no dije nada. De pronto sentí un toquecito en el hombro. Era Marty, el padre de Dana. Me imprimió el nombre de alguien. Me incliné para preguntar a Dana:

—¿Conoces el nombre Simon?

Me echó una mirada curiosa.

—Qué extraño. ¿Por qué me pregunta eso? Esta tarde debo entrevistarme con él. Es abogado. Me lo recomendó un amigo.

—Tu padre me encarga decirte que este Simon va a ayudarte y que todo saldrá bien. Dice que Simon fue designado por el cielo.

Esa última información reanimó a Dana. Por el

brillo de sus ojos comprendí que esa muchacha que se había condenado al infierno por el rechazo de la familia ahora tenía algo por qué vivir. Por fin se le mostraba la luz.

Pocos meses después, Dana llamó a mi oficina para darme las gracias y hacerme saber que, realmente, Simon la había ayudado. No hubo juicio y ella se estaba reconciliando con su familia. También me dijo que había adelgazado quince kilos y volvía a tener pareja.

Un secreto bien guardado

Cuando recibí a Robin, una muchacha que aparentaba veinticinco años, me pregunté: "¿Qué la trae aquí? Es demasiado joven para haber perdido a alguien". Estaba haciendo lo que siempre recomiendo a mis alumnos que no hagan: racionalizar. Recité mi oración y di comienzo a la sesión, pero poco después tuve una sensación curiosa.

—Esto es muy extraño, pero se me ocurre cantar *Ring Around the Rosy*. Veo a dos niñas rubias con ropa idéntica, que juegan y cantan esa canción.

De inmediato Robin me confirmó que eso tenía sentido.

—Recibo la impresión de una señora. Me dice que tú tienes el mismo color de pelo y de ojos que ella. ¿Comprendes esto?

—Sí, comprendo perfectamente, James.

—Siento deseos de pronunciar el nombre Rachel. Ella me dice "Rachel". Está muy unida a ti. Muy unida. No sé por qué, pero hay una conexión muy fuerte. Siento como si las dos fueran una sola.

Robin respondió con voz aguda:

—Rachel es mi gemela. Murió hace varios años.

—¡Gemelas! No me extraña que la sintiera tan unida a ti. Tu hermana me muestra una bonita casa en lo alto de una colina. Habla de mudarse. ¿Acabas de comprar una casa? Y algo sobre un mirlo, un pájaro azul. ¿Entiendes eso?

De pronto Robin balbuceó:

—¡Bluebird Lane! Así se llama la calle en la que está la casa.

Los dos sacudimos la cabeza.

—¡Vaya! —exclamé.

Y ella:

—¡Increíble!

—Tu hermana me pide que te diga que suele estar muy cerca de ti. ¿La has percibido?

—No, en realidad no. Pero he tenido ciertos sueños.

—Los sueños son un medio de comunicación para los espíritus, pero creo que tu hermana se refería a que te ha estado observando.

Robin suspiró:

—¡Oh, qué estupendo! ¡Me encanta!

—Te ha visto elegir el papel para los muros. Le gustó el amarillo de flores pequeñas.

Miré a Robin, su reacción fue de asombro.

—Oh, Dios mío, estuve mirando. Y compré el que ella dice. Oh, Dios mío.

—Trataba de inducirte a comprarlo. Según me dice, supo que habías recibido el pensamiento porque te acordaste de ella.

—Es cierto. Al levantarlo me pregunté si a Rachel le habría gustado.

En cuanto Robin terminó su frase me asaltó una oleada de emoción. Me sentí a punto de llorar y tuve que compartirlo.

—Tu hermana te ama mucho; me encarga transmitirte que debía irse. Pero quiere frecuentarte y disfrutar la vida física a través de ti. ¿No te molesta que te acompañe de vez en cuando?

Robin también comenzó a lagrimear. Miró hacia el techo y habló con su hermana:

—Cuando quieras, Rach... Te quiero.

A esta altura experimenté una sensación extraña. Tenía ante mí a una joven llena de amor por su gemela idéntica, que estaba de pie al otro lado. Las voces eran tan iguales que era como si una misma persona llevara las dos partes de la conversación.

De pronto Robin gritó:

—¡Dígale que lo siento, por favor!

La miré fijo, mientras esperaba oír la respuesta de su hermana.

—No acusa recibo de lo que dices. Pero aguarda... ¿Tenía algo malo en la sangre? Me muestra células sanguíneas enfermas. Parece que era su médula. ¿Sufría de leucemia? —pregunté.

Ella se echó a llorar.

—Sí.

—Me está diciendo que donaste sangre para ella. Creías poder salvarle la vida.

—Qué tonta fui, ¿no?

—No, ¿por qué dices eso? —contesté—. Fue un bello gesto. Tu hermana jamás olvidará tu bondad. Se siente en deuda contigo.

Robin sacudió la cabeza. Luego se derrumbó.

—Es que no sirvió de nada. Ella murió. Era mi mejor amiga. La extraño tanto... ¡Fue culpa mía! ¡Traigo mala suerte!

Pasé los diez minutos siguientes calmando a Robin. Ella recobró la compostura; parecía estar bien.

—Robin, tu hermana me dice que su muerte no fue culpa tuya. Había llegado su hora. Me dice que debes comprender que no tuviste ninguna culpa.

Ella seguía con la mirada perdida.

Rachel me transmitió entonces una noticia inesperada.

—¿Conoces a alguien llamado Jake?

Rachel bajó la mirada por algunos segundos. Luego replicó:

—¿Qué ha dicho usted? ¿Jake, dijo?

—Jake, sí. Tu hermana me está dando ese nombre.

La muchacha, horrorizada, escondió la cara entre las manos.

—Quiere hacerte saber que Jake está bien. Ya ha retornado. Todavía no era tiempo para él y tú no estabas lista. ¡No fue pecado! Tu hermana quiere que lo sepas: no fue pecado.

Robin vacilaba entre el espanto y la incredulidad.

—No quiere que te sientas culpable. ¡Quiere que te ames! No tuviste la culpa. ¡Por favor, debes amarte!

Como no comprendía lo que estaba sucediendo, confiaba que para ella tuviera sentido. Cuando le vi la cara comprendí que el mensaje había dado en el blanco. Le dije con suavidad:

—Estás a salvo y eres muy amada.

Después de algunos momentos de silencio, Robin empezó a aclarar de a poco la misteriosa comunicación de su hermana.

—A los dieciséis años quedé embarazada; mi hermana y yo solíamos fingir que el bebé se llamaba Jake. Nunca usamos la palabra "embarazo"; sólo decíamos "Jake". Cuando llevaba uno o dos meses de embarazo mi novio me abandonó; no tuve más alternativa que practicarme un aborto. Sólo mi hermana lo sabía. Me prometió que nunca se lo diría a nadie. Era un secreto entre las dos.

Robin dejó caer la cabeza; corrieron las lágrimas. Entre sollozos mencionó que poco después de eso su hermana enfermó de leucemia y murió.

—Siempre me sentí culpable por la muerte de Rachel. Pensaba que Dios me castigaba por lo que le había hecho a Jake.

El relato de Robin era patético; me conmovió profundamente la angustia de esa joven, su culpa devastadora. Le expliqué repetidas veces que Dios no es vengativo.

—Dios no castiga —le dije—. Es uno mismo el que se castiga.

Le aseguré que el alma no muere nunca ni padece dolores físicos. Luego le recordé lo que decía su hermana:

—Jake ha retornado y está experimentando la vida en la tierra en otro sitio.

Pasados varios minutos, Robin se enjugó las lágrimas y miró hacia el techo, como si elevara una muda oración a su hermana. Luego me dio las gracias.

—He vivido torturada durante tantos años... De verdad me creía responsable por la muerte de Rachel.

Robin salió de mi oficina con el corazón ligero y un nuevo concepto de sí misma. Había percibido el amor compasivo de una hermana y tenía la seguridad de que Rachel, además de cuidar de ella, seguiría compartiendo partes muy importantes de su vida. Eran gemelas unidas para siempre; ni siquiera la muerte podía separarlas.

EL DISPARO

Un sábado por la noche, una semana antes de Navidad, una pareja que había asistido a varias de mis demostraciones públicas me invitó a su casa de Pasadena, California, para presentarme a seis perfectos desconocidos. Había cuatro mujeres y dos hombres. Yo no estaba seguro de que se conocieran bien entre sí; ni siquiera sabía qué esperaban de mí. No obstante, cada uno de los invitados se mostró dispuesto a abrir su corazón para enfrentar el dolor y el pesar ocultos. Les expliqué cómo trabajaba y comencé con mi oración.

En la primera mitad de la sesión hice lecturas para tres personas. Se presentaron los abuelos de la joven pareja, con algunos mensajes sobre su situación financiera. Una tía se identificó ante una de las mujeres y dio pruebas de que ella había cambiado de trabajo tres veces en el último año. La comunicación incluía una variedad de detalles sobre todo tipo de cosas, desde úlceras de estómago hasta salidas de campamento. La información probatoria era extraordinaria. Por las reacciones que observé en el grupo, la mayoría estaba muy satisfecha, con excepción de un hombre llamado Rob.

Al salir de la habitación durante una pausa oí que Rob decía:

—Tiene que ser puro invento. Hace muchas preguntas. Y algunas de las cosas que dijo eran tan generales que cualquiera podría hacerlo.

Lo enfrenté. Noté que el escéptico, con las mejillas encendidas, se esforzaba por hacer pasar una patata frita por la garganta. Por el momento no dije nada; me limité a suspirar, con los ojos en blanco.

Quince minutos después, al reiniciar la sesión con una plegaria, me dirigí casi de inmediato a Rob.

—¿Puedo acercarme a usted? —pregunté.

Primero puso cara de nada. Luego sonrió, diciendo:

—Claro. Adelante.

Me di cuenta de que Rob estaba muy incómodo y hacía lo posible por seguirme el juego. Creo que buscaba alguna triquiñuela detrás de todo el asunto. Cuando la gente se resiste a mi trabajo, debo concentrarme mucho más para mantener la vibración espiritual necesaria para recibir impresiones.

De pronto tuve la sensación de que había un hombre de pie tras él. Al concentrar mi energía pude verlo con más claridad. Tenía pelo pajizo, ojos verdes y una sonrisa encantadora. Apoyaba las manos en los hombros de Rob.

—¿Sabe usted algo de Akron, Ohio?

Rob quedó demudado. Miró a los otros con cara de incredulidad. Posiblemente esperara que dijeran algo para aliviar su incomodidad. Luego se volvió hacia mí.

—Sí, me crié allá antes de que trasladaran a mi padre.

—¿Recuerda la escuela o iglesia de St. Lucy?

—Sí, sí... cómo diablos... —Rob empezó a temblar. Tartamudeaba. —¿Quién es? ¿Quién está hablando con usted?

Su sólido exterior comenzaba a derrumbarse. Continué con mis impresiones.

—Aquí tengo a un caballero que dice conocerlo. Dice que vivió en Akron.

Rob interpuso:

—¿Es mi abuelo? Vivía allá. En realidad, nació y se crió allá.

Su nerviosismo ya era muy evidente.

—Este hombre habla de un arma de fuego —dije.

—Mi abuelo tenía una. Una escopeta. Solía enseñarme a usarla.

Por la vibración del espíritu que estaba a espaldas de Rob comprendí que no era su abuelo. Le envié pensamientos en los que le pedía que me revelara quién era. Por entonces Rob se retorcía en el asiento; su energía aprensiva parecía extenderse a toda la habitación. Todos estaban sobre ascuas, pues querían enterarse de quién era ese misterioso huésped.

—Es alguien a quien usted no ha visto en muchos años. Dice que usted lo recordaría por algo o alguien llamado Spike.

Rob dilató los ojos, agitado. No podía dominar sus temblores.

—¡Cielo santo! Cielo santo, no puede ser... No puede ser. ¿Danny? ¿Eres tú, Danny? —De pronto los ojos empezaron a llenársele de lágrimas. —Spike era su bicicleta. La llamaba así. Era una broma entre los dos.

—Vivía calle abajo, según dice.

—Sí, lo sé. Es Danny Timmons. Nos criamos juntos.

De pronto Rob, quizá por la impresión, se levantó para apuntarme con el dedo, gritando:

—¿Quién es usted? ¿Qué es esto? ¿Una broma pesada? Usted lo supo por alguien. Alguien debió decírselo.

Aguardé varios minutos a que se calmara. Los otros lo instaban a tranquilizarse. Rob se derrumbó en la silla, con la cara entre las manos. Le recordé que nadie en ese cuarto conocía esa información y le aseguré que era auténtica. Creo que mis palabras lo reconfortaron un poco. Eso lo ayudó a sentir que podía confiar en mí.

—Danny me muestra un arma. Es la misma escopeta que vi antes. ¿Entiende usted eso?

—Sí, comprendo, sí —murmuró él.

Balbuceó algo más para sus adentros. Cuando le pedí que subiera un poco el tono, alzó la voz.

—Tengo un mensaje para Danny. Dígale que lo siento. Lo siento de verdad. Me he pasado toda la vida tratando de saldar esa deuda contigo, Danny. Perdóname, por favor. Cada vez que vuelvo allí de visita paso por el cementerio. Está justo frente a St.Lucy, la escuela adonde íbamos. Ojalá no hubiera sucedido. Me castigo todos los días por lo que pasó.

—Danny sabe que no era su intención, Rob. Quiere agradecerle todos los pensamientos afectuosos y las obras que ha hecho en nombre de él. Dice que ya es hora de borrar la culpa. Ella le impide abrir su corazón. Danny quiere que usted viva la existencia que en verdad desea. Quiere que sea feliz.

Más tarde supimos que Rob y Danny eran vecinos y amigos. Un día Rob sugirió jugar a los vaqueros y trajo la escopeta de su abuelo. Mientras jugaban, el arma se disparó por accidente. Un proyectil atravesó el pecho de Danny y lo mató al instante. No es necesario decir que Rob jamás volvió a ser el mismo. Desde los ocho años cargaba con la culpa de esa muerte. Lo perseguía el recuerdo inagotable de su pequeño amigo, que moría una y otra vez ante sus ojos. Nunca pudo escapar de las imágenes y las sensaciones que le provocaba. Los remordimientos lo impulsaron a estudiar medicina. Ya como cirujano, dedicaba catorce horas diarias a salvar vidas. Su culpa puede haber beneficiado a otros, pero para Rob había llegado el momento de darle un descanso.

Tal como demuestran estos casos, la terrible carga del arrepentimiento por hechos que no podemos cambiar suele destruir una vida y es un equipaje muy pesado en el viaje espiritual. Cuando arrastramos el peso de la culpa vivimos concentrados en el pasado. Ese pasado se ha ido y no podemos hacer nada por volver atrás. Una de las grandes verdades espirituales que he aprendido en tantos años es que nuestro poder personal existe sólo en el aquí y el ahora.

La mejor manera de abandonar la culpa es

perdonarnos y perdonar a otros, y recordar siempre que, como seres espirituales, estamos embarcados en un viaje eterno. Hemos venido a aprender y crecer con todas nuestras experiencias.

10

Miedo

¿A qué debes temerle? A nada. ¿A quién debes temerle?
A nadie. ¿Por qué? Porque quien ha unido fuerzas con
Dios obtiene tres grandes privilegios: omnipotencia
sin poder, intoxicación sin vino y vida sin muerte.
>   —San Francisco de Asís

Así como el amor es la gran fuerza unificadora, el miedo es la principal fuerza divisoria. Aunque el alma posee en su memoria una acumulación de experiencias de vidas anteriores y obligaciones kármicas, la personalidad llega a este mundo como página en blanco. Las personas y el medio en que reside desarrollan y dan forma a su identidad. Al crecer nos definimos según los criterios y las creencias de otros. Poco a poco, si caemos en la trampa de la naturaleza inferior y olvidamos nuestro verdadero ser que se define por el amor, podemos terminar en el miedo.

El miedo es una engañosa creación de la mente. No es real. Hay, sí, cosas muy reales a las que temer cuando uno está afuera, en el mundo, pero no me refiero al miedo que viene con nuestro básico instinto de supervivencia, sino a los miedos emocionales que provienen de impresiones defectuosas e ilusorias. Estamos tan programados por los sucesos internacionales y la violencia que el mundo nos parece un lugar temible. Nos parece que ciertas cosas o personas están contra nosotros. Tratamos de vivir según normas ajenas y nos convertimos en algo que no somos. En resumidas cuentas, uno no es fiel a sí mismo.

Cuando la mente se encierra en el miedo, a menudo lo experimentamos físicamente. Cuando repasamos una situación temible una y otra vez, y nos asustamos más y más, el cuerpo físico se pone tenso. Entonces la energía se debilita. A veces tenemos la sensación de no poder movernos, literalmente, y descubrimos que el futuro nos aterra.

Cuando entra el miedo en la vida de una persona, se apaga la luz del alma. Cualquier rayo de verdad que trate de aliviar el temor no encuentra paso. Cuando sucumbimos a los miedos, es inevitable que ellos asuman el mando de nuestra existencia y nos impidan aceptar riesgos o realizar lo que deseamos.

¿Cómo hacemos, pues, para superar y controlar el miedo? Primero, con pensamientos positivos y mediante la ley de afinidad: "Las cosas similares se atraen". Cada vez que me viene a la mente una idea negativa o que me asusta, repito la siguiente afirmación: "Sano soy, feliz soy, sagrado soy". Dejo que penetre en mi subconsciente. Como he dicho muchas veces, cada uno crea su destino con su manera de pensar. Al reemplazar un pensamiento negativo por otro positivo, comienzas a atraer seguridad y confianza en vez de miedo e incertidumbre. Segundo, podemos controlar el miedo utilizando de un modo constructivo la ley de causa y efecto. Si quieres que tu vida sea buena tienes que ser amante y bondadoso en las situaciones en que te encuentres. No se puede esperar paz y satisfacción si se está provocando la angustia de otros. Por último, si quieres felicidad y alegría no puedes buscar la verdad en el mundo exterior. Cuando moras en la conciencia de Dios, que es más elevada, siempre partes de un lugar de amor y sientes ese amor dentro.

Recuerda que Dios siempre dice que sí;
somos nosotros quienes decimos que no.

Las siguientes sesiones demuestran hasta qué punto nos incapacita el pensar con miedo.

TENGO MIEDO

Hace varios años vino a verme una pareja bastante demacrada. Como a tantas personas, la perspectiva de entrar en comunicación con el mundo espiritual ponía algo nerviosa a Mira, la mujer. Lloyd, su esposo, parecía bastante sombrío; su expresión era seria; sus ojos, oscuros y penetrantes. Mira explicó su temor de que la familia se enterara de esa visita, pues no querían ser considerados extraños o estrafalarios. Les dije que comprendía su preocupación y les aseguré que no sucedería nada extraño ni estrafalario.

Al comenzar la sesión experimenté una sensación fuerte y fría al costado izquierdo de Mira. Cerré los ojos; había allí una mujer.

—A su izquierda hay una señora, Mira. Lleva el nombre de Sari o Sarah. ¿Le dice algo?

Mira quedó espantada. Abrió la boca, pero no pudo decir nada. Miró a Lloyd, quien le aseguró que podía hablar sin problemas.

—Sí, señor. Conozco ese nombre.

—Esta Sarah me dice que tiene relación con su madre y que pertenece a un grupo de tres.

—Sí. Es la hermana de mi madre. Fueron tres hermanos: mi madre, tía Sarah y un hermano varón.

El espíritu de Sarah aparecía sólo del torso hacia arriba. Muchas veces los espíritus no me muestran su persona entera; a veces veo sólo una cara.

—Sarah me dice algo sobre la calle Franklin. ¿Comprende usted eso? —pregunté a Mira.

Después de algunos segundos, ella respondió:

—Sí, es la calle en que vivía ella.

—Se está frotando el brazo izquierdo. Parece descolorido, como por una quemadura, desde el codo hasta la mano. Me dice que ya todo está mejor.

Mira alzó la voz.

—Oh, buen Dios, sí. Cuando yo era pequeña visité a mi tía en la casa de la calle Franklin. Ella preparó el té, pero al retirar el hervidor de la hornalla se le deslizó y el agua la escaldó gravemente. Recuerdo muy bien el incidente, porque le quedó esa cicatriz para toda la vida.

—No sabía eso —dijo Lloyd.

Entonces me volví hacia él para decirle que la señora estaba muy feliz de que él cuidara tan bien a su sobrina.

—Lloyd: esta señora me encarga decirle a usted que sus oraciones han recibido respuesta.

Él me miró con desconcierto.

—¿Qué?

—Sarah me dice que hay alguien que quiere saber por qué no trajo hoy su guante de béisbol, como había pensado.

Lloyd y Mira cambiaron una mirada y se echaron a llorar. Ella murmuró:

—Oh, Dios mío, ¿es él?

—Es el pequeño niño perdido. Me dice que murió en su cuarto del hospital. Habla muy de prisa. Dice que tenía la sangre mala.

—Sí, fue leucemia —aclaró Lloyd.

—Dice que está bien y que la Abuelita B también estaba en el hospital. ¿Qué significa eso?

Entre lágrimas, Lloyd dijo:

—Es mi madre. Él llamaba Abuelita A a la madre de Mira y a mi madre, Abuelita B. Mi madre murió un año antes que nuestro Joshua.

—Entonces ¿él está bien? —preguntó Mira.

—Muy bien, sí. Me dice que tenía mucho miedo a morir. No quería caer en el agujero negro. ¿Tiene sentido eso? —pregunté.

—Sí —confirmó Mira—. Un mes antes de morir soñó que caía en un agujero negro donde lo devoraba no sé qué monstruo.

—Me dice que temía no poder ver más a su papá y a su mamá, al señor Pie Grande y a Bola de Algodón. No sé qué significa eso.

—Eran sus mascotas. El señor Pie Grande es un pastor alemán; Bola de Algodón es su conejo.

—Dice que Bigotes está con él.

—Era su otro conejo, que murió.

—Sarah dice que Joshua está con muchos animales.

Continué:

—Joshua piensa ahora que fue un tonto al tener tanto miedo. Dice que siempre que puede viene por aquí. Asegura que ha jugado el partido que papá le prometió. ¿Tiene sentido?

Lloyd explicó que había prometido a su hijo jugar un partido de béisbol cuando saliera del hospital.

—Oh, ahora comprendo a qué se refería al hablar del guante de béisbol —dije.

Luego Joshua empezó a hablar otra vez con mucha celeridad. Al escucharlo me eché a reír.

—Dice que está muy feliz, que aquello es como vivir en Caramelandia.

Mira sonrió.

—¡Jugaba a eso todo el tiempo!

Sarah tranquilizó a la pareja, asegurándoles que el pequeño Joshua era muy feliz. Yo les dije:

—Ahora sabe que no hay nada que temer.

¿Qué hay allá afuera?

No hace mucho tiempo tuve una sesión muy poco habitual, que me parece muy adecuada para el tema del miedo.

Bridget era una joven alta y dulce, de abundante cabellera roja. Tenía un aura muy limpia y nutriente. Cuando le pregunté si se dedicaba a algo relacionado con la curación, respondió:

—Sí, soy fisioterapeuta y masajista.

Bridget explicó que deseaba un trabajo en el que pudiera ayudar a la gente. Luego me contó que venía de San Diego; había conducido su coche durante dos horas, porque su visita era urgente. Pronto descubrí la razón.

Detrás de mi oreja derecha empecé a oír una penetrante voz femenina que me hablaba a gritos. Como era muy perturbadora, le hice saber por intermedio de mis guías que la estaba oyendo.

—¡Soy libre, soy libre! —repetía, una y otra vez.

—Esta señora me dice que está en la luz. Dice que vive en la luz y ya no necesita esconderse. Me da el nombre de Vicky o Victoria.

—Es mi madre. Se llama Victoria Jane. —Bridget

parecía complacida. Comprendí que era el motivo de su visita. —¿Está bien?

—Está muy bien, sí. Su madre me dice que se encuentra de nuevo en una tierra de paz y felicidad. Que ahora comprende con claridad y ya no tiene miedo.

Bridget tenía una enorme sonrisa en la cara suave.

—Me dice que antes temía a todos y a todo.

De pronto recibí una sensación muy extraña, que no comprendí. Cerré los ojos y, como si me poseyera, empecé a sentir que estaba encerrado en una caja. El espacio, a mi alrededor, era negro como la pez. Me sentía muy restringido y sumamente incómodo, casi como sepultado vivo. Sentí que debía desprenderme de inmediato de esa sensación, por eso me apresuré a abrir los ojos.

—¿Está usted bien, James? —preguntó Bridget.

—Creo que sí. Eso fue muy extraño. Es la primera vez que me siento así. Dios, fue muy raro, como si estuviera atrapado y no pudiera salir.

Mientras bebía un sorbo de agua, pedí mentalmente a mis guías espirituales que me explicaran lo sucedido. Dijeron que la sensación experimentada era necesaria para la comunicación, pues era lo que había sentido ese espíritu durante la mayor parte de su vida.

—Su madre ¿vivía algún tipo de confinamiento? —pregunté.

—¿Por qué me lo pregunta?

—Me sentí como si estuviera encerrado en un agujero oscuro y me llevé un susto de muerte. No sé qué significa, pero ésa fue la sensación.

Bridget se miró los pies; luego levantó la vista hacia mí.

—Mi madre era agorafóbica. No salía de la casa. Tenía mucho miedo de caer en manos de algo que estaba afuera. Pasó gran parte de su vida adentro.

Por sus mejillas empezaron a rodar las lágrimas. Yo seguía inmóvil, estupefacto. Por fin oí la dulce voz de la madre y transmití su mensaje a Bridget:

—"Ahora puedo caminar al sol. He conocido a todo tipo de personas. ¡Qué bueno es estar viva!"

Bridget se alegró muchísimo por la nueva libertad de su madre.

—Dice que ahora comprende que su miedo le hizo perder muchas experiencias y oportunidades doradas.

—Sí, eso creo. Pasó diez años sin salir de la casa.

Me costaba creer que alguien tuviera tanto miedo a la vida. Pero debía estar atento a la comunicación, sin dejarme enredar por el aspecto emocional. De otro modo no tendría la sensibilidad suficiente para escuchar los mensajes.

De pronto sentí un dolor súbito en el pecho y tuve la visión de una escalera. Pregunté a Bridget si eso significaba algo.

—Sí —respondió—. Mamá murió por un ataque cardíaco y cayó por la escalera.

—Su madre me encarga decirle que ya no sufre.

En verdad, se siente fresca como una margarita. Está con Alfred.

—Ése es mi abuelo, su padre.

Cuando creía que estábamos llegando al final, Victoria reveló algo increíble. Seguía de pie junto a Bridget, mientras yo escuchaba sus mensajes y asentía con la cabeza, repitiendo: "Comprendo", una y otra vez. Cuando acabó de transmitir sus pensamientos dije:

—No sé cómo expresar esto, pero su madre considera importante que usted lo sepa. Ha descubierto el motivo por el que siempre tuvo miedo de abandonar la casa.

Bridget se sorprendió.

—¿Por qué?

—Mientras me enviaba sus pensamientos, su madre me mostraba imágenes. Al parecer, en una vida anterior fue hija de un gobernante aristócrata o algo así; era pequeña y vivía en un castillo. Su madre le advirtió que no debía salir del castillo, pues había gente que no quería a su padre. Se le dijo que, si abandonaba la seguridad de ese lugar, alguien podía llevársela y no devolverla jamás. Como era curiosa, un día franqueó las murallas y fue secuestrada de inmediato por unos jinetes.

—Oh, Dios mío, ¿y qué le sucedió? —preguntó Bridget.

Describí la escena que su madre me imprimía: una pequeña de pelo rubio, tendida a la orilla de un río, con el cuello cortado de oreja a oreja.

Los dos quedamos atónitos por lo detallado de

esa descripción. Gracias a esa nueva información, Bridget pudo comprender el motivo de la agorafobia de su madre. Además, le expliqué que las almas retornan a la tierra con ciertos recuerdos grabados a fuego en el cuerpo espiritual. A veces esas experiencias son traumáticas e intimidantes, como la de Victoria. Muchas veces las almas tratan de resolver esas fobias y miedos de una vida anterior. A veces lo logran; otras veces, no.

Bridget le dio las gracias por su amor y su orientación. La madre respondió con una última imagen: estaba de pie en un rosedal, con un vaporoso vestido rosado. Acercó una rosa blanca a sus labios y sopló los pétalos hacia su hija.

La ira de Dios

Escogí la siguiente sesión porque refleja una situación muy frecuente, que se presenta cuando la ignorancia, el prejuicio y el miedo separan a los miembros de una familia, y generan vergüenza, rencor y culpa.

Una soleada tarde de miércoles acudieron a su cita dos hermanos, llamados Joe y Carrie. Según dijeron, no creían en los médium, pero se sentían impelidos a visitarme tras haber soñado varias veces con un hermano fallecido. Conversamos durante varios minutos hasta que, de pronto, cobré conciencia de que un hombre joven me estaba hablando.

—Aquí tengo a un muchacho de veintitantos años, de pelo castaño. Empezaba a perderlo y tengo la sensación de que eso lo preocupaba. ¿Tiene sentido?

Carrie quedó estupefacta. Joe respondió:

—Sí, señor.

—Dice que despertó con una abundante melena.

—Muy poco antes de morir perdió todo el pelo —balbuceó Carrie.

Miré al joven y le dije:

—Tu hermano se alegra de verte aquí, Joe. No lo esperaba, pero quiere hacerte saber que aprecia de verdad el que hayas venido. Y que te quiere.

Joe se puso rojo y empezó a lagrimear.

—¿Quién es Tommy? —pregunté.

—Así se llamaba él —aclaró Joe.

—Bueno, Tommy está bien. Dice que lo ha logrado —les transmití.

—Dígale que lo siento, por favor. Es que no pude... —susurró Joe.

—Dice Tommy que él está bien. Me muestra con insistencia una Biblia. La empuja hacia mí. ¿Por qué?

—Bueno, nuestra madre es evangélica y lee todo el tiempo la Biblia. Ella... —A Carrie se le quebró la voz. Luego continuó: —Dijo que Tommy iría al infierno por su estilo de vida. Mamá rezaba día y noche por la redención de su alma.

Después de algunos segundos, la muchacha preguntó mansamente:

—Mi hermano ¿está en el infierno?

Mantuve la cara inexpresiva, aunque me asombraba, una vez más, el modo en que una persona impone sus miedos a otra. Después de algunos minutos les comuniqué un mensaje de su hermano:

—Tommy dice que debe de estar en el cielo, pues nunca ha visto un sitio tan bello y lleno de amor. Dice que no se parece en nada al infierno. Hum... asegura que el infierno está en la tierra.

—Concuerdo con eso —levantó la voz Joe.

—Tommy me dice que, antes de morir, estaba muy asustado, pues una parte de él aún creía en lo que decía su madre y en sus convicciones religiosas. Sufría una gran confusión emocional. ¿Murió de sida?

—Sí —respondió Carrie.

—Dice que creyó a su madre cuando le dijo que su enfermedad era el castigo de Dios por ser homosexual. No creo que Tommy tuviera mucha autoestima ni confianza en sí mismo.

—Tommy era una buena persona —dijo la muchacha—. Pero las ideas de nuestra madre le hicieron pensar que tenía algo malo.

—La sexualidad no tiene nada que ver con el amor y la bondad que uno tenga en su corazón. Hay que entenderlo, por favor. Ser gay no es malo. Dios sólo sabe de amor. No es Dios, sino los seres humanos los que imponemos condiciones al amor.

Continué transmitiendo los pensamientos del hermano.

—Tommy me dice que ahora se ama como nunca antes.

—Por favor, ¿le diría que me arrepiento de no haber ido a verlo? —pidió Joe.

—¿Cuánto tiempo te mantuviste lejos de él? —pregunté.

—Cinco años. Cuando descubrí que era gay lo rechacé, en cierto modo. Temía enfermar también de sida si lo tenía cerca. Fue una estupidez. —Joe empezó a sollozar.

Experimenté toda la ira contenida, el desasosiego que Joe sentía. Le aconsejé que no fuera tan duro consigo mismo.

—Algún día comprenderás —dije.

Mientras yo hablaba con Joe, Tommy interrumpió.

—¿Sabes a qué se refiere al hablar de "encrucijada", Joe?

—Sí. Es un grupo de voluntarios contra el sida con el que trabajo. Comencé cuando murió Tommy.

Quedé asombrado por el cambio absoluto de Joe.

—Tommy sonríe porque está muy orgulloso de ti. Le has llegado al corazón. No sólo has demostrado tu amor por él, sino también tu aceptación y tu deseo de aprender.

Carrie le tomó la mano.

—¿Sabe Tommy que he estado rezando por él? —preguntó.

—Sí. Dice que trató de agradecértelo en un

sueño, pero no comprendiste. Tenía algo que ver con un pájaro.

—Sí, es cierto. Hace tres noches soñé con una paloma blanca que me seguía a todas partes. Tuve la corazonada de que podía ser Tommy —respondió ella.

—Quiere que su madre sepa que está en el cielo con Wendy —continué.

—Wendy era una gran amiga de mamá. ¡Qué sorpresa! —exclamó Carry.

—Tommy dice que ahora le resulta mucho más fácil entender la vida, pues ve las cosas de una manera más amplia que cuando estaba en la tierra.

Les hice saber lo mucho que los quería su hermano y que los acompañaba más que nunca. Antes de que yo diera por terminada la comunicación, Joe me transmitió un mensaje más para su hermano.

—¿Podría decirle, por favor, que lo queremos y lo echamos de menos?

—Escuché la respuesta de Tommy.

—Lo sabe y dice que él también. Pero todos van a reencontrarse algún día en el cielo, un lugar donde el amor nunca muere.

Se han presentado muchos espíritus, como Joshua y Tommy, que tenían una imagen terrorífica del proceso de la muerte. En el caso de Tommy, el miedo se debía al hecho de que su madre creyera en un Dios iracundo y vengativo. En todas mis experiencias nunca oí decir a un espíritu que Dios lo

esperara al otro lado para castigarlo por sus actos terrenales. A menudo digo en mis demostraciones: "Si
se quiere creer en algo, es mejor que esté basado en
el amor y el respeto". Ya son demasiadas las personas
infelices que viven temiendo el infierno, el fuego y la
condenación.

Tal como lo reveló la sesión de Victoria, cuando
el miedo tiene un efecto paralizante sobre la vida se
torna imposible hacer realidad nuestros sueños y
nuestro potencial. En esos casos hay muchos
sanadores, maestros y profesionales de la salud,
como Bridget, que desean ayudar a otros a librarse
del dolor. El amor de Dios brota en este planeta de
todos los individuos. Sólo es menester pedir ayuda;
siempre hay personas dispuestas a alentarnos para
que nos enfrentemos al miedo y llevemos una vida
productiva.

11

Perdón

No podemos amar a menos que hayamos aceptado el perdón, y cuanto más profunda sea nuestra experiencia del perdón, mayor es nuestro amor.

—Paul Tillich

Cuando era niño, mi madre solía cubrirme las heridas con apósitos adhesivos; a los dos días, puntualmente, los quitaba. Nunca entendí por qué, si todavía el corte no estaba cerrado por completo. Cuando se lo pregunté me dijo: "Es preciso exponer la herida al aire para que cicatrice más de prisa". Lo mismo es válido para las heridas emocionales: debemos exponerlas un poco para que comience el proceso de cicatrización.

Cuando alguien dice o hace algo que duele, tendemos a aferrarnos a ese dolor y actuamos con mala voluntad respecto de esa persona. Desde el punto de vista de la energía psíquica, esto es un error. Si guardamos rencor, fomentamos y alimentamos los pensamientos negativos que nos inspira. Esta sensación de dolor impregna todo nuestro espacio. Como he dicho muchas veces, las cosas similares se atraen entre sí. Por lo tanto, atraeremos elementos de igual negatividad. Cuanto antes revisemos los sentimientos de enojo y frustración que nos produjo un daño, antes nos desprenderemos del dolor. Y entonces damos el verdadero paso hacia la curación: el perdón.

¿De dónde surge esta facultad de curarse a uno mismo? ¿Qué brinda a una persona el valor de perdonar? Se requieren dos ingredientes vitales: (1) la comprensión espiritual que acompaña a una vida de conciencia personal, y (2) la ingeniosa práctica de liberarse. Las personas compasivas aprenden las lecciones del perdón. Comprenden que aferrarse a una herida nos hace revivir el dolor una y otra vez. El perdón brinda curación al yo y, con el tiempo, ayuda a extender esta conciencia a toda la humanidad.

LA PERDONO, SEÑORA

La siguiente comunicación es uno de los ejemplos de perdón más dulces que yo haya visto. Se presentó de manera inesperada, pues el espíritu no estaba relacionado con ninguno de los presentes. Esto viene a demostrar que, cuando hay una necesidad lo bastante fuerte, el mundo espiritual se abre a nosotros.

Una calurosa noche de sábado, en verano, estaba realizando una demostración frente a unas quinientas personas. La gente había hecho fila por dos horas, mientras esperaba que las puertas se abrieran para obtener un buen asiento. (Esto siempre me desconcierta. El espíritu encuentra a quien corresponde, cualquiera que sea su asiento.) En medio de mi introducción vi aparecer de pronto un espíritu en la parte trasera de la sala. Empezó a flotar por el pasillo central, acercándose. Era una hermosa niña, con un deslumbrante vestido amarillo, que venía saltando a la cuerda. Su pelo, muy rubio, estaba recogido hacia atrás en dos largas coletas. Se detuvo delante de mí. Al notar su presencia comprendí que traía una misión y comencé de inmediato a compartir mi imagen con el público. Pregunté:

—¿Alguien entiende o reconoce a esta niña?

Durante unos tres minutos, nadie levantó la mano. Le envié un mensaje mental a la niña para que me diera algo más firme con que continuar. Ella me proyectó un pensamiento: "Quiero hablar con la señora que me vio jugar. Iba camino a su casa".

Repetí lo que me había dicho. Aún estaba recorriendo el público con la mirada cuando la niña me envió un mensaje fuerte y claro: "La señora conduce un auto blanco".

En la cuarta fila de la izquierda se levantó una mujer. Parecía algo insegura. Le pregunté:

—¿Sabe usted quién es esta niña?

—Creo que lo sé —fue su respuesta.

Luego la mujer murmuró por lo bajo algo que nadie entendió. Tampoco yo.

—¿Podría hablar más alto, por favor? —pedí.

Ella respondió con tristeza.

—Sí, sé quién es. Hace tres años la atropellé con mi auto y la maté.

El público dejó escapar una exclamación. Nadie esperaba oír algo así.

La mujer, llorando, continuó con su relato.

—Volvía a mi casa del trabajo. Al girar en una esquina ella salió a la calle, saltando a la soga, frente a mi coche. Cuando la vi ya era demasiado tarde. No tuve tiempo de frenar.

Procedí a mantener un diálogo con esa mujer, sobre la base de los pensamientos e impresiones que recibía de la pequeña.

—Me muestra un animalito de paño. Es un cordero. Me está transmitiendo la impresión de que usted se lo regaló. ¿Tiene sentido esto?

—Sí. Yo se lo puse sobre la tumba. Todavía voy a verla. No sé qué otra cosa hacer —respondió.

—Esta niña me muestra a dos varones de cinco o seis años que están alrededor de usted. ¿Los conoce?

—No, no sé. No creo.

—¿Quién es Freddie?

—Mi nieto. Oh, Dios mío, son Freddie y Bryan, mis nietos. Tengo dos nietos de seis y siete años; el menor es Freddie. Es cierto.

—Esta niña me dice que a Freddie le gusta el juego de los monos. Algo relacionado con un barril. ¿Qué es, por favor?

Una persona del público acudió prontamente en

mi rescate con la expresión "barril de monos".

—Barril de monos, sí. Eso es lo que dice la niña.

La mujer estaba cada vez más estupefacta.

—Esta tarde estuve cuidando a Freddie. Y él estuvo jugando con el Barril de Monos. ¡Increíble!

—Esta niña cuida de usted. Dice que la perdona, señora. ¿Comprende eso?

La mujer quedó un poco desconcertada ante ese comentario.

—Ha venido a decirle que la perdona, pero que usted también debe perdonarse. Dice que aún no se ha perdonado. Quiere hacerle saber que ella está viva. ¿Comprende usted?

La mujer sacudió la cabeza, estupefacta, con la vista clavada en el suelo.

—Dice que debe alegrarse por Freddie. Esta niña le tiene simpatía y quiere que tenga en usted a una buena abuela. Dice: "Freddie quiere una abuela feliz".

De pronto recibí una impresión muy fuerte; no supe si provenía de la niña o de mi guía india.

—Freddie no tendrá problemas; tampoco su hermano. No se preocupe, señora. La pequeña también está bien. Usted debe cuidarse y perdonarse; entonces las cosas serán mucho más fáciles. ¿Comprende, señora, por favor?

—Sí —replicó ella—. Es asombroso. Justo esta mañana fui a la iglesia y pedí una señal de que todo estuviera bien. No sé cómo agradecerle.

—Esta niña vino desde muy lejos para ayudarla

a perdonarse y amarse. Hágalo. Es la mejor manera de darme las gracias.

Noté que en la mujer ya se había producido un cambio. Había, decididamente, una sensación ligera que animaba su exterior, antes frío y lóbrego. Después de esa exhibición de perdón y amor, el resto de la velada marchó a las mil maravillas. Todo el mundo salió del edificio muy reconfortado y con nuevos ánimos.

LO SIENTO, QUERIDA

Es muy frecuente que aparezcan espíritus a pedir perdón por algo que hicieron o dejaron de hacer en la tierra. Estos relatos son trágicos y dolorosos, pero pueden brindar la necesaria liberación. A menudo, pedir perdón parece ser el último obstáculo para que un espíritu salga del mundo astral para ir hacia una vida más satisfactoria en el cielo.

Esta sesión también se produjo en el Congreso sobre Cuerpo y Alma de Denver, Colorado, frente a unas ochocientas personas. Siempre me cuesta un poco más concentrarme con tantos espectadores. Pero me siento reconfortado cuando los espíritus forman fila detrás de mí y, una vez que me relajo por completo, la comunicación se torna clara. Cuando hay tantas personas presentes, los espíritus suelen traer mensajes que sirven de lección para todos. Aunque no sea directamente personal, llegan a la mayoría de los espectadores y casi todos pueden sacarle provecho.

A mi lado se presentó un espíritu que medía alrededor de un metro setenta y siete y pesaba unos noventa y cinco kilos. Quería hablar con uno de los presentes, alguien llamada Kathy. Cuando le pedí alguna otra información para hallar a Kathy, me mostró un banco de carpintero ante el que solía pasar todo el tiempo. Transmití la imagen al público y una mujer levantó la mano.

—¿Cómo se llama usted, por favor? —pregunté.

—Kathy —respondió.

—Bien. Él me muestra un banco de carpintero, encima del cual hay una lámpara Tiffany. ¿Comprende usted eso?

—Sí —dijo ella—. Esa lámpara estaba siempre allí. Era de su madre; él había prometido arreglarle el cable. Estuvo diez años allí, sin que él pusiera manos a la obra.

Ante eso todos rieron, pues el detalle era muy humano, buena evidencia de la presencia de un espíritu.

—Me está mostrando una radio, que también está sobre el banco, y un viejo calendario en la pared. Me muestra un calendario con una instantánea clavada con chinches. Parece una foto en blanco y negro. ¡Increíble! ¿Esto tiene sentido para usted?

La muchacha meneó la cabeza. Me sentí muy frustrado, pues era exactamente lo que veía.

Entonces Kathy se inclinó para hablar con la

mujer que estaba sentada a su lado y le susurró algo. De inmediato recibí la impresión de "Iris".

—¿Sabe usted algo sobre Iris?

Kathy exclamó:

—¡Sí! Es mi madre, que está aquí. —Y señaló con la cabeza a la señora de al lado.

Volví mi atención hacia Iris.

—De lo que he estado diciendo, ¿algo tiene sentido para usted?

—Sí. En la foto estoy yo. Ha estado clavada allí desde siempre. La tomaron justo después de que nos casamos.

—¿Ese hombre bebía? —pregunté.

Iris respondió, algo avergonzada:

—Le gustaba beber unas copas de vez en cuando.

Vi la imagen de una botella en un cajón.

—¿Tenía ginebra en el segundo cajón de su banco de carpintero?

Iris meneó la cabeza, sonriendo.

—Sí; lo descubrimos cuando murió. Había veinte o treinta botellas.

La comunicación empezó a tomar un tono más grave; entonces se hizo evidente el motivo por el que el espíritu venía a hablar.

—¿Alguna conoce a alguien llamado Mitch? —pregunté.

Ambas asintieron con la cabeza. Iris respondió:

—Así se llamaba mi esposo. Es quien ha estado hablando con usted.

Empecé a describir las sensaciones que me transmitía.

—Este hombre quiere hablar con usted, Kathy. Lo siento, pero necesito decir lo que recibo. Está muy arrepentido por el trato que le dio. Está diciendo que no fue el mejor de los padres. Que no le gustaban sus novios. No quería perderla de vista. ¿Es así?

—Sí, es cierto. Nunca. —Kathy empezaba a emocionarse.

—Mitch dice que era dominante. Para escapar, dice, bajaba al sótano y se embriagaba. ¿Es así?

Las dos asintieron.

—También dice que no asistió a su boda, Kathy. ¿Es cierto?

—Sí. No quiso ir porque no le gustaba el hombre con quien me casaba.

—Lo lamenta mucho. Dice que pasó mucho tiempo sin hablar con usted.

—Sí. Pasamos diez años sin dirigirnos la palabra. Después de casarme no volví a verlo. No lo vi hasta que murió —se lamentó ella.

—Su padre le implora perdón. Está muy avergonzado de lo que le hizo. Pero no sólo de eso. Le pide perdón por el dolor que le causó cuando niña. ¿Comprende usted eso?

Kathy se echó a llorar, pero confirmó la información moviendo afirmativamente la cabeza. Luego volví mi atención a su madre.

—Usted es una santa, Iris. Este hombre me está diciendo que la trató de un modo horrible. Siempre le gritaba. Y creo que por sus abusos usted perdió la confianza en sí misma.

Iris habló con suavidad:

—Sí, así fue.

—Siento que este hombre no se amaba a sí mismo. En el fondo no se tenía ningún aprecio. Se siente muy mal por sus actos. Me dice, Iris, que solía golpearla.

La impresión que recibía me acobardaba. Iris inclinó la cabeza con un suspiro.

Luego recibí una imagen de Mitch sentado en el sótano. Por sobre el escritorio había una serie de escopetas. Él las estaba bajando una a una para limpiarlas. Se lo describí a las dos mujeres, que lo confirmaron absolutamente.

—Siempre bajaba a lustrar esas escopetas —comentó Iris.

La siguiente visión fue devastadora.

—No quiero que nadie se perturbe, pero siento que ese hombre pasaba mucho tiempo en el sótano, contemplando esas armas y pensando en el suicidio. Veo que se mete una en la boca. ¿Es correcto?

Tenía que preguntarlo, aunque ya conocía la respuesta. Las dos respondieron al unísono:

—Sí.

—Se mató abajo, en el sótano —murmuró Iris.

Esa imagen me alteró mucho. Tardé varios minutos en recobrar la compostura. Me parecía increíble que esas dos mujeres hubieran podido salir enteras de una experiencia así.

Mientras hablaba con ellas me volvió a impactar una intensa imagen de Mitch. Cuando la necesidad es tan fuerte suelen presentarse imágenes muy vívidas.

—Este hombre se ha arrodillado frente a usted, Iris. Alarga una mano hacia usted y llora. Dice que quiere su perdón. Se portó muy mal con usted. Dice que, cuando la conoció, usted era como una flor recién cortada: alegre y creativa. Y que él la destruyó. Dice que no le permitió hacer lo que usted deseaba y que así la envenenó. Trataba siempre de dominarla. Lo lamenta muchísimo.

Iris sacudió la cabeza y dijo:

—Te perdono, Mitch. Dígale usted que está perdonado. Ya no tiene por qué sufrir. Sólo quiero que sea feliz.

El público entero quedó totalmente sorprendido, pero también honrado por escuchar las palabras de perdón de esa mujer, tan golpeada por la vida. Le ofrecía a Mitch un amor incondicional y sincero.

—Su esposo la ha escuchado y está llorando. La ama y le da las gracias, Iris. Usted le ha puesto una sonrisa en los labios. Me dice que echa de menos sus giros. ¿Eso tiene sentido?

—Sí. Cuando nos casamos yo era bailarina. Él solía pasar horas mirándome practicar los giros. En realidad, en la foto que tenía clavada al calendario se me veía haciendo un giro.

Les di las gracias y las bendije por compartir con nosotros un momento tan íntimo. Luego agradecí a

Mitch que hubiera tenido el valor de buscar el perdón de su familia.

PERDÓNAME, PUES NO SÉ
LO QUE HE HECHO

Cada sesión que hago es especial a su modo. Las hay muy emotivas; otras son increíblemente ricas en detalles probatorios. También hay lecturas que combinan datos y emoción; entonces el efecto es increíble. A veces ese tipo de experiencia puede cambiar para siempre una vida. Una de esas sesiones fue la que relato a continuación.

Vino a verme un hombre cuyo amante había muerto de sida. Como sólo esperaba oír mensajes de su compañero, quedó estupefacto cuando ciertos individuos de su pasado lejano atravesaron el velo, con una desesperada necesidad de llegar a él.

Peter, un agradable caballero ya maduro, había venido a mí tras presenciar una demostración de mi trabajo, en una sesión a beneficio del Proyecto Sida en Los Ángeles. Poco después de iniciar la sesión, con mi plegaria acostumbrada, vi a un hombre rubio, de pie a mi derecha. Estaba muy decidido a hacerse notar.

—Aquí hay un hombre. Es bastante autoritario. Tiene muchos deseos de hablar y quiere estar seguro de comunicarse con usted. Es rubio y muy apuesto, de sonrisa luminosa. Sólo puedo decir que parece autoritario y agresivo.

Peter pareció reconocer las actitudes del espíritu.

—Ésa es la descripción de él. Así era.

—Este nombre es muy extraño, pero debo decirlo, de cualquier modo. ¿Le suena el nombre de Norris? Suena a Norris o Morris.

—Norris, sí. Así se llamaba él —exclamó Peter.

—Comprendo, hum... —repliqué—. Bueno, pues él me está diciendo que no. Es Norrie. "Prefiero que me llamen Norrie", dice. ¡Bueno, está bien! —exclamé. Luego miré a Peter, temiendo que me creyera grosero en mi trato a su amigo. Estaba boquiabierto. Lo que yo decía lo asombraba.

—Es cierto. Ése era su apodo. Siempre lo llamábamos Norrie —confirmó.

—Quiere enviar saludos a Nancy. Por favor, transmítale su amor y también su agradecimiento.

Peter habló con mucha lentitud, tratando de digerir cada una de mis palabras.

—Se los daré, sí. Ella es una amiga íntima. Estaba allí cuando él murió.

—¡La quiere! Dice que se divertían mucho. —Y continué. —Dice que le encantan las lámparas doradas junto a la cama y que hace muy poco estuvo jugando con una de ellas. Ayer o anteayer. ¿Notó usted algún cambio en una de las lámparas? —pregunté.

—Sí —confirmó Peter—. En realidad, apenas ayer se quemó la bombilla de la derecha. Se me ocurrió que había sido Norrie, porque la lámpara estaba de su lado y yo había cambiado esa bombilla hace apenas una semana.

—¡Así es el espíritu! —exclamé.

Expliqué a Peter que el amor de una persona por otra puede trascender la muerte; a menudo se revela por ese tipo de incidentes eléctricos en la casa. Al continuar la sesión, Norrie habló de su muerte y de lo tozudo que había sido durante su enfermedad. Se disculpó con Peter por haberse aprovechado de su amabilidad. Habló mucho de un banco y de la gente que trabajaba allí. Luego Peter confirmó que Norrie había trabajado en un banco. A mitad de la sesión, el espíritu dijo que otra persona deseaba hablar con Peter. Le aseguró que volverían a comunicarse pronto y que estaría siempre en sus sueños.

—Aquí tengo a una señora de acento inglés, que se presenta con el nombre de Julie.

—Comprendo, sí —respondió Peter.

—Percibo una vibración maternal. ¿Es correcto? ¿Su madre ha fallecido, Peter?

—Sí, y así se llamaba ella. —Se dirigió directamente a su madre: —Hola, mamá. Bienvenida. Gracias por venir.

Al sintonizar la vibración de esa mujer me sentí muy mal de inmediato. Venía con el corazón agobiado; necesitaba consuelo y amor.

—Esta señora está muy afligida, Peter. Quiere que le exprese lo arrepentida que está. Dice que su vida no le pertenecía y que no se creyó capaz de criarlo.

Los ojos del hombre empezaron a llenarse de lágrimas.

—Se arrepiente de no haber estado nunca junto a usted. Necesita mucho de su perdón.

—La perdono. Comprendo.

—Confiesa que no cree haber sido buena madre y lamenta mucho no haberle podido enseñar cosas, sobre todo cuando usted era más pequeño. Dice saber que le causó mucho dolor, pero también cree que, en alguna medida, eso puede haberlo ayudado a ser más fuerte.

—Yo también lo creo —respondió Peter—. Si hago memoria fue muy difícil, pero me dio fuerza interior y me enseñó a arreglármelas solo.

—Su madre está muy orgullosa de usted. Dice que podrá conocerla mejor cuando le llegue la hora de ir allá. Me dice: "Mi hijo tiene un corazón solidario".

Peter sonrió.

De pronto, de la nada, surgió la sensación de otro espíritu de pie ante mí. Al sintonizar esa nueva vibración, vi a una monja de hábito negro, con un desmesurado rosario atado a la cintura.

—He venido a hablar con este hombre, Peter. ¿Puedo hacerlo, por favor? —pidió.

—Sí —respondí—. ¿Quién es usted, por favor?

—Soy la hermana Edith. Él fue alumno mío. Me ocupé de él cuando era pequeño.

Pregunté a Peter si era cierto todo eso.

—En efecto, ella me crió —repuso él.

—Quiere decirle que lo siente mucho, muchísimo. Le implora perdón. Dice que fue perversa y cruel con usted. Me dice que lo encerraba en armarios o habitaciones oscuras.

—Sí. Era horrible —aseguró Peter.

La escena me provocó sensación de inquietud aun al describirla, pero debía continuar.

—Esta monja me dice que ahora entiende mucho más que en la tierra. Dice que no tenía paciencia y estaba frustrada. No quería estar en ese puesto. Se sentía atrapada y descargaba su enfado contra los niños.

—Sin duda. Era una mujer horrible. Es mucho pedir, que la perdone por lo que ha hecho. Debería haber estado en otro puesto.

—Dice que fue presionada por su familia —interpuse.

Peter guardó silencio por un minuto.

—Claro, la perdono, pero es difícil para mí olvidar.

Continué con la sesión por un ratito más, en tanto la hermana Edith le contaba que, en el mundo espiritual, estaba aprendiendo a amar.

—Le agradece haberle demostrado amor mediante el perdón.

Después de la lectura, Peter me contó que, a los cinco años, su madre lo había dejado en un orfanato. Allí vivió con la hermana Edith y varias otras monjas hasta el fin de sus estudios, a la edad de quince años.

Desde luego, el caballero tenía mucho que perdonar en su vida. Era asombroso presenciar tanta liberación de dolor como se produjo en esa bella sesión con Peter, su madre y la hermana Edith.

A menudo pregunto a quienes asisten a mis demostraciones si alguna vez necesitaron el beneficio de la duda o el perdón por algo que hubieran hecho. Cuando analizo el perdón pido a todos que intenten ver las cosas, en lo posible, desde la perspectiva del otro. Quizá no hayamos tenido en cuenta su situación. Tal vez no comprendemos sus motivos o su punto de vista. Puede que hayamos depositado en esa persona nuestras propias expectativas. De un modo u otro, siempre sugiero conceder al prójimo el beneficio de la duda, pues quienes perdonan serán perdonados.

Creo que el perdón debe ser un acto de gracia, incondicional, otorgado sin esperar resultado alguno. Cuando en verdad perdonamos a otro, estamos usando los aspectos más elevados del alma para reabrir la herida infligida y permitir que se cure con la salud del amor. El perdón libera el corazón y nos cambia de la posición de víctimas a la de quien está a cargo. Nos ayuda a concretar nuestro verdadero yo.

12

Amor

El amor es la ley de Dios. Vives para aprender
a amar. Amas para aprender a vivir. No hay otra
lección que se requiera del hombre.

—Mikhail Naimy

¿Qué es lo que llamamos amor? ¿Es un instinto natural con el que nacemos? ¿Una conducta que debemos aprender y que se nos condiciona a aceptar? ¿Un sentimiento captado en la mirada del amante? ¿O es, quizás, una estrella misteriosa, inalcanzable, en cuya búsqueda deberemos trabajar existencias enteras?

En lo personal, creo que el amor lo es todo. Lo identifico con esa energía de la Fuerza Dios de la que todos somos parte. Esta fuerza se representa espiritualmente por la Luz y a ella pertenecemos. Cuanto más intensa es nuestra luz, más potente es nuestra conciencia de esta parte de nuestra naturaleza. Nacemos con este sentido de "nuestra luz" y se nos alienta, ya sea a incrementarla, ya sea a esconderla de nosotros mismos y del resto del mundo. Algunos la perdemos de vista y pasamos la vida entera buscando tristes sustitutos del amor. Las drogas, el sexo y la violencia son algunos de sus reemplazantes.

Cuando uno empieza a ver la luz del amor dentro de sí mismo es más fácil verla en otros. Cuando dos personas están "enamoradas", cada una ve la luz en la otra. Para ellos, el mundo exterior no existe, pues están en un mundo especial y sienten el esplendor y el gozo que otorga el amor.

Cuando comienzas a vivir desde la luz interior del alma, el centro de amor más profundo, comienzas a vivir de verdad como ser espiritual. Como quien está enamorado, experimentas cierta relación con tu "yo del corazón". Cada vez que concibes un pensamiento bondadoso, dices una palabra amable o prestas un servicio a alguien, estás viviendo el divino principio del amor y tu centro de amor se expande. Comienzas a ver el mundo con ojos amantes y percibes en todas las cosas el gozo y la belleza. En esencia, experimentas el cielo en la tierra.

Mientras revisaba mis sesiones en busca de las que trataran del amor, descubrí que me había fijado una tarea difícil. ¿Cómo limitar el amor a un solo tipo, si no tiene limitaciones y ningún amor es más importante que los otros? Debía representar el amor de una madre por su hijo, de un marido por su mujer, tal vez el de una leal mascota por su amo? Era, cuanto menos, una decisión difícil.

Las tres sesiones que escogí revelaban actos de amor realizados por gente común. Cada uno muestra el amor en su nivel más elevado (la voluntad de sacrificar o dar la vida propia por otra persona) y tuvo el poder de curar y cambiar al receptor, con la única condición de que aceptara el amor. Espero que, al leerlas, también tu propia luz resulte enriquecida. Cuando cada uno de nosotros fomenta el amor en su propia vida, entonces es posible transmitirla a cada vida que tocamos.

Un ángel me salvó la vida

Nadie podría crear una película o una novela más dramática o conmovedora que una vida humana más o menos común. Sus giros y desvíos, la profundidad de las emociones que los acompañan, serían casi imposibles de reproducir. El relato siguiente lo demuestra a la perfección. Exhibe la pureza del amor y el respeto por la vida. En este caso la muerte unió a dos personas que, en vida, casi no se conocían.

Surgió en una sesión que realicé en Los Ángeles para un simpático grupo de ocho individuos. Por lo general, cuando hago varias lecturas al mismo tiempo, una se destaca sobre las demás. Creo que esa lectura especial es, desde un principio, la razón de mi visita. A menudo, cuando un espíritu tiene una fuerte necesidad de transmitir un mensaje a un ser viviente, llega a grandes extremos para crear una situación en la que pueda darse a conocer.

Después de leer para cuatro de las ocho personas presentes, iba a tomar un descanso, pero me sentí impulsado a completar una lectura más. Miré a un joven de unos veintidós años, sentado en un extremo del sofá. Se llamaba Andrew; su pelo era castaño claro y vestía una colorida camisa a cuadros. Se lo notaba muy silencioso; percibí que no había ido a esa sesión por voluntad propia, y más tarde descubrí que mi corazonada era correcta: Andrew estaba allí por insistencia de un amigo.

Cuando me acerqué, Andrew dejó claro que deseaba hablar con la abuela que lo había criado. Me concentré intensamente, pero no pude recibir ninguna vibración de su abuela. En cambio se presentó alguien inesperado.

—¿Sabes algo de Chicago? —pregunté.

—Sí; allí nací y pasé mis primeros años.

—Hum... ¿Fuiste a la escuela allí?

—Sí, por un tiempo. ¿Por qué? —preguntó Andrew.

—Estoy recibiendo la impresión de una escuela de Chicago. Y veo a un niño. —Continué: —¿Quién es Ziggy? Es un nombre muy extraño, pero así lo oigo. ¿Te recuerda algo?

—¿Ziggy? No conozco a ningún Ziggy —aseguró Andrew.

—No, ahora no. En Chicago, hace mucho tiempo.

—No... no creo.

Andrew vaciló por un momento. Prácticamente

oí el repiqueteo de sus células cerebrales, tratando de recordar a alguna persona llamada Ziggy. Después de algunos minutos, como aún no tenía ninguna pista, recomencé.

—¡Espere un momento! —me interrumpió en medio de una frase—. Conocí a alguien, sí... ¡Sí, el bueno de Ziggs! Lo llamábamos Ziggy por el disco de David Bowie. Cuando niños jugábamos juntos. Había otros dos. Uno era Mike Barras y el otro... No recuerdo su nombre.

—¿Wyland? —interrumpí, con un pensamiento recién recibido.

Andrew palideció, en tanto de sus labios caía un "sí". Dilató los ojos.

—¿Cómo sabe usted eso?

—Frente a ti hay un hombre que dice haberte conocido en esa época. Dice que te conocía a ti, a Ziggy y a Wyland.

Andrew quedó muy impresionado por mi comentario. Sacudió la cabeza, incrédulo.

—¿Quién es ese tío? ¿Lo conozco? —preguntó.

Envié un mensaje mental a ese espíritu, pidiéndole que me proporcionara más detalles identificatorios. Después de algunos minutos recibí ciertos pensamientos que transmití a Andrew.

—Este hombre me da la impresión de que es un ángel guardián para ti. Está preocupado por tu bienestar. Me muestra las manos. Veo callos. Trabajaba con las manos, ahora me muestra herramientas. Dice que lo reconocerías por el nombre de Shorty.

Una vez más, Andrew se devanó los sesos en un esfuerzo por recordar ese nombre. Yo continué con las impresiones que estaba recibiendo.

—Este Shorty falleció por un problema cardíaco. Pero también me muestra humo. Como de un incendio.

Andrew lanzó un grito. Al parecer, yo había pronunciado la palabra secreta.

—¡Oh, Dios mío! —Los ojos se le llenaron de lágrimas. —No lo puedo creer. ¿Cómo...? ¿Shorty? ¿Shorty, el de la escuela? —exclamó.

—Sí, el de Chicago.

—¡Arghhh! —gritó él. Luego escondió la cara entre las manos, con un gemido.

Quienes lo rodeaban le dieron palmaditas en la espalda, tratando de consolarlo. Por cinco largos minutos estuvo en estado de gran confusión. Cuando se compuso, alzó la cabeza y empezó a hablar.

—Shorty era el portero de mi escuela primaria. Un día se produjo una explosión en la caldera; Ziggy, Wyland y yo quedamos atrapados en el sótano. Todo estaba en llamas. Gritábamos como desesperados, pensando que íbamos a morir. Y entonces vimos que Shorty venía a través del humo. ¡Él nos sacó de allí! Si no fuera por Shorty yo no estaría aquí. Ese hombre me salvó la vida.

De toda la sala se elevó una exclamación unánime.

—¡Arriesgó la vida por mí! Le debo todo. Gracias, Shorty. Te quiero, hombre —exclamó Andrew, mirando hacia arriba.

Luego se volvió hacia mí.

—Pero ¿por qué me ronda?

Tuve que dar una pequeña explicación sobre el mundo espiritual.

—En la tierra, Shorty llevó una vida similar a la que tú llevas ahora. Está aquí para vigilarte y ayudarte a no cometer los errores que cometió él. Se preocupa sinceramente por tu bienestar. Me dice que una de las cosas más positivas que hizo en vida fue salvar a esos tres amigos. Quiere asegurarse de que su acto de bondad continúe, de algún modo. Por eso te ronda para protegerte. Me dice que estuvo contigo en Springfield. ¿Entiendes lo de Springfield? —pregunté.

Andrew se incorporó de pronto.

—Sí... entiendo. ¡Ahora entiendo, créame!

Escuché a Shorty, que me contaba algunas cosas increíbles sobre la vida de Andrew. Pero como la información que me transmitía habría abochornado al joven delante del grupo, dije:

—Me gustaría hablar contigo al terminar la reunión, para darte las últimas informaciones que Shorty me está transmitiendo. Es algo muy personal.

Más tarde, Andrew y yo nos sentamos en un cuarto adyacente, donde acabé de darle el mensaje de Shorty.

—Este hombre está muy preocupado por ti. Hablaba de drogas. Me decía que estuviste en la penitenciaría de Springfield, por una situación que se podría haber evitado.

—Sí. Estaba vendiendo drogas y me detuvieron —admitió el joven.

—Esta noche, tu amigo Shorty vino para ayudarte. Dijo que debes buscar ayuda para luchar contra tu adicción a las drogas. Y que sólo tú puedes hacerlo.

—¡Demonios! ¿Cómo se enteró? Aquí nadie lo sabe.

—Dijo que debes terminar o será tu fin. Quería que lo oyeras en voz bien clara —dije con firmeza. Luego lo miré fijo a los ojos. —¿Comprendes?

Andrew se echó a llorar como un bebé. Lo rodeé con un brazo y juntos analizamos su problema.

No sé si fue la información probatoria o el amoroso interés de Shorty, su ángel guardián, pero esa noche cambió para siempre la vida de Andrew. Decidió asumir de inmediato la responsabilidad de su vida y me dijo que buscaría asesoramiento y rehabilitación para su dependencia. Juntos agradecimos a Shorty que hubiera vuelto para arrebatar a Andrew, una vez más, de los umbrales de la muerte.

Esa sesión tuvo lugar hace cinco años. En la actualidad Andrew da charlas para grupos de rehabilitación de drogadictos. Ha jugado un papel importantísimo en salvar muchas otras vidas y, a su vez, se ha convertido en un ángel viviente sobre la tierra.

Diste la vida para que yo viviera

Hace algunos años accedí a presentarme en un programa de televisión titulado *Paranormal Borderline* (Frontera paranormal). Los productores investigaron cientos de cartas que solicitaban lecturas, hasta elegir una que, en su opinión, merecía ser explorada. Fue así que Tom y Michelle Okins aparecieron en mi sala, entre un rebaño de técnicos que instalaban equipos.

Tom me contó que había perdido a su madre a los cinco años de edad. Desde entonces vivía aislado de su familia y enzarzado en una larga lucha contra las drogas y el alcohol; había fallado varios intentos de suicidio. A los treinta años, Tom consideraba que en su vida faltaba una pieza vital y yo era su última esperanza de reponerla.

Cuando por fin estuvieron instalados la iluminación, el escenario y el sonido, las cámaras se dispusieron a grabar. Indiqué a la pareja que se concentrara en mí, en tanto yo me relajaba y abría mi energía al mundo espiritual. Pronto los dos mundos se fundieron y los pensamientos de un espíritu comenzaron a penetrar en mi mente.

—Hay aquí una dama muy expresiva. No deja que nada se interponga en su camino. Es muy independiente. Y en algunos sentidos, Tom, te pareces a ella. En tu personalidad.

Noté que Tom se aferraba a cada palabra mía, con la esperanza de que pudiera revelarle algo, cualquier cosa, que le indicara que estaba hablando con su madre.

—Sí, eso creo. Eso es lo que me han contado de ella. Yo no recuerdo, por supuesto.

—¿Sabes si tu madre tenía vínculos en Oklahoma? —pregunté.

—Sí, ah, de allí venía. Allí vivíamos todos. —Tom abrió mucho los ojos, expectante.

—Esta señora habla de tu reloj, Michelle. Me dice que se descompuso. Dice algo de las tres.

—¡Oh, Dios, sí! ¡Es cierto! Justo hoy, en el hotel, mi reloj se detuvo a eso de las tres. ¡Mira!

Y me mostró el reloj descompuesto. Marcaba 3:15.

La pareja intercambió una mirada y se estrechó las manos.

No me apresuré con el mensaje que iba a revelar. Sabía que Tom y Michelle estaban a punto de presenciar un sueño hecho realidad.

—Tom, creo que la dama que está de pie a tu lado es tu madre. Está muy contenta de hablar contigo.

Él inclinó la cabeza, agradecido.

—Está muy feliz de estar aquí. Apenas puede contenerse. Michelle, quiere darte las gracias por cuidar de su hijo. Dice que tú has sido su salvación. Que está en deuda contigo. —Luego me volví hacia Tom y pregunté: —¿Quién trabaja en un banco?

—Yo —respondió Michelle.

—Esta señora me dice que no estarás allí por mucho tiempo.

—¡Qué curioso! —comentó ella—. Estaba pensando en buscar otro empleo. Quiero ser maestra.

—Bueno, según esta señora lo serás —exclamé—. Esta dama me muestra una guitarra y está cantando. Dice que le gusta mucho cantar. ¿Entiendes eso, Tom?

—Sí, lo entiendo.

De pronto se echó a llorar. Le entregué una caja de pañuelos de papel para que se enjugara las lágrimas. Después de algunos minutos, dijo:

—En realidad, mi madre solía tocar la guitarra.

Luego buscó en los bolsillos de los pantalones hasta sacar una foto. Era de su madre, sentada frente a un hogar, pulsando una guitarra. La miramos fijamente.

Para entonces todo estaba en silencio. Al pasear la mirada por la habitación vi caras bañadas de lágrimas. Era obvio que los técnicos nunca habían visto ni oído nada como eso.

Pero cuando creía que estábamos en lo más alto de nuestra ola emocional, el espíritu reveló una nueva información.

—Tu madre me muestra un camino rural, con maizales a cada lado. Conduce un coche viejo y lleva un gran sombrero de paja. Está cantando al compás de la radio.

A esa altura Tom lloraba sin tapujos.

—Esto es muy extraño, pero insiste en mostrarme buzones. De los que se instalan en postes al borde de la carretera.

El hombre se sacudía por el hipo. Entre sollozos, le oí decir:

—Sí, así es. Iba a buscar la correspondencia de la tarde.

De pronto me asaltó una imagen intensa, con un rumor de efectos de sonido.

—Tu mamá va conduciendo y cantando una canción. Echa una mirada al pequeño que ocupa el asiento vecino. Oigo un avión, arriba. Parece uno de los que se usan para fumigar. El ruido aumenta. Tu madre detiene el coche. De pronto el avión pierde el control y cae justo sobre el coche. Ella empuja al pequeño al suelo; justo a tiempo, porque el avión arranca el techo del coche. Tu madre muere en el acto. Pero el niñito sobrevive.

Luego la visión se esfumó.

Al cabo de algunos segundos, Tom levantó la vista hacia mí, y me dijo lentamente:

—¡Ese niño era yo!

Le sostuve la mirada, captando poco a poco lo que había dicho. Al regresar a la conciencia de la habitación me sentí muy cansado, como si se me hubiera transportado a través del tiempo y el espacio. No presté atención al grito del director:

—¡Corten!

Seguía recibiendo mensajes para esa dulce pareja.

—Tu madre dice que te ama mucho y que, si fuera preciso, lo haría otra vez. Quiere hacerte saber que nunca dejó de amarte. Debes comprender, dice, que ella te acompaña siempre y siempre lo hará.

Ella continuaba.

—Dice que no debes permitir que se aprovechen

de ti. Provienes de una estirpe fuerte.

Luego dijo a la pareja que tendrían una niñita. Más tarde Tom y Michelle me revelaron que estaban pensando en tener hijos y que esa niña se llamaría como la madre de Tom.

Un amigo hasta el fin

La siguiente sesión tuvo lugar durante un congreso de metafísica, realizado en el Medio Oeste. Esos congresos son oportunidades estupendas para gente con diversas aficiones y creencias, que pueden así reunirse y experimentar cosas desacostumbradas para ellas. Para mí es un gozo especial compartir mi don con personas que nunca lo hayan presenciado.

Esa mañana de otoño fue particularmente feliz: pude comunicarme con un espíritu que deseaba reavivar un amor iniciado en la tierra treinta años antes.

Mientras observaba a la multitud, me vi de pronto atraído hacia una señora pelirroja, que ocupaba un asiento bastante al fondo del auditorio. De pie sobre ella vi a un espíritu femenino, de bellos ojos claros. El espíritu estaba haciendo un gran esfuerzo por atraer mi atención, de modo que dije a la mujer:

—Me gustaría acercarme a usted. Hay una dama de pie a su lado.

La mujer se levantó para mirar en derredor, desconcertada.

—Tiene hermosos ojos azules y pelo castaño —transmití.

—¿Podría ser mi abuela? Cuando era más joven tenía ese aspecto —dijo la mujer.

—No —repliqué—. No es ése el pensamiento que se me da. Esta señora la conoció cuando usted era más joven.

Ahora la mujer me miraba sin entender.

—Esta dama me dice que la quiere mucho y que ambas están más unidas de lo que usted piensa. Me encarga decirle que ha crecido con usted y que siempre será su amiga.

Una vez más, la mujer quedó en blanco.

—¿Quién es Emma? —pregunté.

—Yo.

—Esta mujer me muestra muñecas y una casa de juguete. ¿Entiende usted esto?

Sin vacilar, Emma respondió:

—No, lo siento. ¿Está usted seguro de que se refiere a mí?

Me concentré en los pensamientos del espíritu, y le solicité que enviara algo más a modo de identificación.

—Esta dama me dice que a usted le encantaba peinarla. Habría querido tener una melena como la de ella.

Emma empezaba a reconocer algo de lo que yo había dicho. Al parecer, debía buscar en su mente algún tiempo remoto, pero sus recuerdos volvían poco a poco.

—Creo saber de quién se trata —murmuró.

—Esta mujer habla de la operación —continué.

Emma lanzó un grito penetrante y rompió en sollozos.

—¿Patty? —preguntó.

—No me ha dado su nombre, pero me dice que tal vez usted recuerde los paseos con ella en el camión de los helados.

—Sí, es Patty. Su padre conducía un camión de helados y solía llevarnos a pasear después de la cena. Nos turnábamos para tocar la campana. Oh, Dios mío, Patty. Te quiero. Oh, Patty, gracias. ¿Cómo darte las gracias?

Los pensamientos de Patty continuaban llegando a torrentes a través de mí.

—Ella también la quiere. Me dice que usted es parte de ella y así será siempre.

Supuse que Patty estaba expresando su voluntad de permanecer junto a su amiga. No comprendí que había algo más.

—Sí, es cierto. Si no fuera por Patty yo no estaría aquí.

—¿Por qué? —pregunté.

Entre lágrimas, Emma empezó a contar su historia.

—Cuando éramos niñas tuve una rara enfermedad renal; para sobrevivir necesitaba un riñón. Como éramos compatibles y de la misma edad, Patty era la donante perfecta. Y decidió darme un riñón, pues se había enterado de que tenía leucemia. Inventamos una especie de chiste. Ella me decía que en el sitio adonde iba no necesitaría ese riñón, y que si yo no lo cuidaba bien, vendría a quitármelo.

Nadie en la sala estaba preparado para esa información. De pronto, el silencio de muerte se quebró con una andanada de aplausos. La gente aplaudía el gran amor de esa pequeña que había dado parte de sí misma para que su mejor amiga pudiera vivir.

Después de eso tuve que suspender las lecturas. Estaba emocionalmente sobrecargado, al igual que el público, por el profundo acto de amor de Patty.

Como ves, el amor tiene un alcance tan largo que trasciende a la muerte. Es la fuerza más poderosa del universo. Cuando se lo brinda del modo adecuado, unifica y construye, defiende y protege. Es una energía concentrada que no conoce límites. El verdadero amor nunca es celoso ni posesivo; tampoco impone condiciones. Creo que, si experimentamos una vida tras otra, es para aprender sobre el amor y verlo manifestarse de diferentes maneras y en diferentes circunstancias. ¿De qué otra manera podríamos apreciar las múltiples facetas de nuesto ser?

TERCERA PARTE

El despertar

13

Para recordar tu verdadero yo

El ojo ha de ser algo así como el sol;
De otro modo no podría ver la luz solar;
Dentro de mí ha de estar el poder del propio Dios;
¿Cómo, si no, podrían encantarme las cosas divinas?
—Johann Wolfgang von Goethe,
"Algo como el sol"

En la actualidad, al borde del siglo XXI, nos encontramos en una época de increíbles descubrimientos: comunicaciones globales, terapia genética y muchos otros adelantos en los campos de la ciencia y la tecnología. Los seres humanos nunca habían estado tan bien comunicados entre sí; no obstante, la gente parece más sola que nunca. Dondequiera que mires encontrarás gente insatisfecha y desdichada, con aire robótico y reconcentrado, como si sólo fingiera existir. Otros se ven esclavizados por la ira, los problemas de salud, la depresión, el miedo, la codicia y el odio. ¿A qué se debe esto? Creo que es por el sistema de valores de nuestra sociedad, basado en ilusiones y falsedades. Se nos ha enseñado a respetar la carrera del dinero, con la idea de que ser rico es igual a ser feliz y estar contento. Se nos ha enseñado que dinero equivale a poder y que el poder te colma de satisfacción. Al honrar a estos falsos dioses del poder y el dinero, la sociedad acentúa todo el tiempo nuestras carencias.

¿Y qué pasa con quienes ejercen el poder? Los instalamos sobre pedestales y esperamos que sean perfectos; cuando no lo son, nos sentimos traicionados. Cedemos nuestro poder a otros y, cuando no hacen con él lo que nos gusta, nos sentimos víctimas. Una vez que nos declaramos "víctimas" quedamos atrapados en una vibración de castigo. Si vivimos en medio del miedo, la ira y el resentimiento, atraemos situaciones que crearán aun más miedo, ira y resentimiento. Cuanto más nos involucremos en la conciencia del mundo exterior, más nos apartaremos de la senda del espíritu.

En nuestro mundo existe un tremendo déficit espiritual. Es un apetito que no encuentra satisfacción. En una sociedad ideal, la religión debería ser la puerta a la espiritualidad, pero frecuentemente no es así. Para ser espiritual se requiere algo más que ir a la iglesia, rezar, cantar, predicar y dar limosna. Se requiere la comprensión de las verdades espirituales y su puesta en práctica en la vida cotidiana. Por desgracia, las verdades que enseña la religión se ven a veces distorsionadas por la interpretación personal; el miedo a Dios viene a sustituir el servicio a Dios. A cada uno, como individuo, le corresponde separar la verdad del dogma, la paja del trigo.

Las personas de mente espiritual siempre han pensado por sí solas, pero hoy en día son demasiados los que no recuerdan quiénes son. Quieren felicidad, amor y gozo, e insisten en buscar estas cualidades fuera de sí mismos. No comprenden que, si bien vivimos en un mundo físico y tenemos sensaciones físicas, hay algo más real y poderoso, que está muy dentro de cada uno.

No estamos aquí para vivir esclavos de los postulados de una sociedad que se concentra en los aspectos inferiores y negativos de la personalidad terrenal. Debemos dejar de vivir basándonos en la culpa, el miedo y la preocupación. Ha llegado el momento de reencontrarnos con el significado de Dios y vernos como seres espirituales de luz y amor.

Eres una chispa de la Divinidad y lo serás siempre: no lo olvides. Tu hogar es el cielo; viajaste a esta tierra para hacer tus tareas escolares. La vida en la tierra es temporaria. La clave para caminar por este planeta es mantenerse consciente de nuestra herencia espiritual. Cuando vives cada día viendo el mundo desde el punto de vista del espíritu, estás llevando una existencia de verdad.

El cuerpo es sólo un depósito de huesos, tejidos y órganos, sin vida propia. Es el alma lo que le da vida y expresión creativa. Cuando tu ser espiritual cobra poder puedes comenzar a experimentar la vida en su plenitud.

Para aprender de los ejemplos del mundo espiritual es preciso comenzar por hacerse responsable de la propia vida en todos sus aspectos. Sólo tú puedes cambiar tu manera de pensar y actuar. Cuando tomas decisiones positivas, que ayudan a tu crecimiento, aun cuando parezcan difíciles, te conviertes en un participante activo de tu propia vida. Entonces la existencia deja de ser algo que te sucede. Para despertar y volver a vincularnos con la esencia del alma debemos ejercitar los músculos espirituales. Y el medio más efectivo es la meditación.

MEDITACIONES

Cuando doy cátedra en un gran auditorio, frente a cientos de personas, suelo comenzar con la siguiente declaración:

—Lo siento, pero yo no levito en el escenario ni escupo sopa de guisantes. No hablo en lenguas exóticas ni brotan de mi garganta gruñidos y gemidos. El que busca ese tipo de cosas, mejor que vaya al cine o alquile un vídeo.

Lo digo en broma, para que se entienda un punto. Tras muchos años de trabajar con individuos dotados de una fuerte base espiritual o metafísica, aún me sorprende que la mayoría no sepa permanecer dentro de su cuerpo. No comprenden la importancia de estar inmersos en el momento actual mientras concentran su conciencia en el espíritu. Las personas parecen creer que, a fin de ser espirituales, es necesario perderse en un estado de alteración. Esto no es cierto en absoluto. De hecho, cuando alguien se desmaya y abandona el cuerpo (sea consciente o inconscientemente), se abre a vibraciones de cualquier plano. En general, son blanco para los elementos más bajos de la conciencia, pues son los más próximos a la tierra. Ya he analizado la idea de las entidades extraviadas, atadas a la tierra. A ellas les gusta visitar nuestros cuerpos y campos de energía o entrometerse en ellos.

Concentrar la conciencia en el espíritu significa permanecer en el presente, en tu cuerpo, y asumir el control de tu espacio físico. Me gusta llamar a esto "ser el conductor de tu propio vehículo".

A continuación presento algunos ejercicios para ayudarte a adquirir el dominio de tus pensamientos y emociones. Te ayudarán a limpiar y fortalecer el aura y a recordar quién eres. He adaptado las dos técnicas siguientes de la obra de mi amigo Michael Tamura, un brillante metafísico y sanador. Lo primero y más importante es recordar que para todo hay que tener en cuenta dónde y en qué te concentras. Cuando piensas en algo, le das vida. Inicia cada meditación en una atmósfera donde no te perturben distracciones exteriores, tales como teléfonos, contestadores automáticos, timbres, etcétera. La mejor manera de meditar es sentarse en una silla cómoda, con la espalda recta y los pies bien apoyados en el suelo. Esto ayuda a alinear los chakras del cuerpo etéreo, a fin de ser receptivo a las vibraciones más elevadas.

Descarga a tierra

Cierra los ojos. Cobra conciencia de tu cuerpo. Escúchalo. Ten presente cada uno de sus movimientos. Ahora concéntrate en la respiración que lleva a los pulmones vida nueva, refrescante y rejuvenecedora, y libera energías viejas y rancias que ya no necesitas. Inspira profundamente varias veces y disfruta de cada nuevo aliento. Después de algunos minutos de respiración profunda, concéntrate en el cuerpo. Cobra conciencia de cada una de sus partes. Con la vista de la mente, percibe cada parte del cuerpo, comenzando por los pies; luego, las piernas, las caderas, las nalgas, la zona pélvica, el vientre, el pecho, la espalda, las manos, los brazos, los hombros, el cuello y la cabeza. Visualiza dos cuerdas atadas suavemente a los tobillos. Lleva esas cuerdas hacia abajo, por el centro de la tierra. Imagina dos grandes piedras en el núcleo terrestre y ata cada cuerda a una de ellas. Ahora ata otra cuerda a la última vértebra de tu columna y dirígela hacia el centro de la tierra. Busca otra piedra que te guste y ata a ella esa tercera cuerda.

A continuación visualiza la energía de la Madre Tierra. Puedes imaginarla verde o parda. Imagina la energía que se eleva por las cuerdas, desde las piedras situadas en el centro de la tierra, hasta donde te rodean los tobillos. Esta energía continúa fluyendo por las piernas y el torso, hasta el centro de tu corazón. Ahora estás lleno de la energía terrestre. Te sentirás bien firme, centrado y estabilizado. Es importante tener un equilibrio de energías. El paso siguiente es atraer la energía cósmica.

Imagina un rayo de luz blanco-dorado, unos siete u ocho centímetros por encima de tu cabeza: representa la luz cósmica o luz de Cristo. Lleva esa luz cósmica a través de la coronilla; visualiza cómo se funde en la cabeza, el cuello, los hombros y el pecho. Deja que viaje hasta el centro del corazón. Allí la luz cósmica se entremezcla con la energía terrestre para formar una fuerza estabilizadora, nueva y más potente. Para concluir, visualiza esa nueva energía combinada que trepa por la columna hasta salir por la coronilla y derramarse en cascada por los costados del cuerpo, como una desbordante fuente de energía.

Visualiza una y otra vez este conjunto de energías. Es la manera de recargar todos los sistemas energéticos de tu cuerpo. Una vez que hayas completado esta meditación puedes iniciar tu obra espiritual en una atmósfera más controlada y atenta.

Protección

Como vivimos en un mundo donde recibimos todo el tiempo sentimientos e ideas ajenos, debemos protegernos de las influencias negativas que puedan mezclarse en nuestra existencia cotidiana. Esto es de suma utilidad para quienes somos como esponjas sensibles que recogemos con mucha facilidad las energías de otros. Aunque es imposible disipar por entero las ideas y sentimientos ajenos, esta técnica te ayudará mucho a ahuyentarlas de tu espacio y tu conciencia.

Comienza como en el ejercicio anterior. Vuelve a sentarte en una silla con la espalda erguida. Practica las técnicas de respiración como se indicó. Repite primero todo el ejercicio de descarga a tierra, que ayuda a reforzar el campo áurico.

Cuando hayas llenado de energía tu campo, debes imaginar una pequeña aspiradora en la palma de tu mano. El diseño puede ser tuyo. Ahora concentra tu atención en el espacio que rodea tu coronilla. Al hacerlo, toma nota de lo que aparezca en el ojo de tu mente. ¿Ves rostros ajenos? ¿Sientes emociones que no reconozcas o no te pertenezcan? Toma la aspiradora y retira esas imágenes y sensaciones. Puedes imaginar cómo suben por el tubo de la máquina, si eso te facilita las cosas. Una vez que la bolsa de la aspiradora esté llena, sacúdela. Con amor, devuelve la energía a quien la originó. Crea un nuevo aparato para limpiar todos los puntos de tu campo energético. Limpia el frente, el fondo, los costados, la parte alta y la parte baja de tu espacio. Crea todas las aspiradoras que necesites. Quizá baste con una sola limpieza; quizá se necesiten muchas más. Continúa hasta que empieces a sentirte mucho más liviano y feliz.

Ahora que has retirado de ti las energías ajenas, es hora de recuperar la propia. Imagina todos los lugares en que hayas estado en las últimas veinticuatro horas. Visualiza dónde dejaste tu energía. Tal vez en el teléfono, mientras charlabas con alguien. O en el trabajo. Quizá la dejaste en la escuela o en una tienda. Recuerda todos los lugares donde hayas podido perder una parte de tus energías. Visualiza la situación y las personas involucradas y recupera tus energías. Atráelas de nuevo a tu espacio. Imagínala entrando en tu cuerpo por la coronilla y corriendo a lo largo de la columna. Llega como polvo estelar. Siente cómo te llenas con tu propia energía. Es tan grato recuperar toda la que distribuiste con tanta generosidad... Una vez que tengas la fuerte sensación de que tus energías han vuelto a casa, es hora de visualizar una muralla protectora en torno de ti.

Hay varias maneras de hacerlo. Puedes imaginar un manto, del color y el diseño que escojas, que te envuelve por completo. Puedes imaginarte de pie en una caja de vidrio o de piedra con techo de cristal. Para los pensamientos y las energías es difícil atravesar esas murallas. Muchas personas se sitúan dentro de una luz blanca, que también resulta una gran protección. Pero al utilizar esas técnicas recuerda que lo de afuera permanece afuera y lo de dentro permanece dentro. Por lo tanto, asegúrate bien de haber limpiado por completo todas las energías extrañas antes de instalar una muralla de luz y protección en torno de ti. Muchas personas usan también símbolos: una cruz o una estrella de seis puntas. Recuerda que, al concentrarte, das vida a tus pensamientos. Protégete con la intención. Los símbolos son meros recursos para reforzar la intención.

Recuperar tu luz

Concretar la luz de la que se está hecho es una necesidad básica y saludable para vivir en el mundo físico. Con mucha frecuencia utilizo esta técnica sencilla con las personas que han perdido contacto con su luz interior y sienten que la vida ya no puede ofrecerles nada. Después de emplear esta técnica por algún tiempo, mis clientes me han dicho que su vida y su actitud cambiaron por un enfoque más positivo. Es una bendición compartirla con cada uno de mis lectores.

Comienza una vez más con los dos ejercicios previos. Una vez que estés conectado a tierra y protegido, tu mente debería quedar en un estado muy receptivo y consciente.

Imagínate sentado en un jardín hecho por ti. Crea tu ambiente tal como lo desees. Quizás hayas elegido diversas flores y árboles. Agrégale un lago, algunos bancos y cualquier objeto que cree el ambiente que deseas experimentar. Cada uno es diferente; a algunos les gustan los rosales; otros prefieren las lilas. Eso no importa. Sólo quiero que, al mirar en derredor, te encuentres en el jardín que hayas escogido.

En tu jardín, a cierta distancia, crece un árbol. De él cuelga un espejo. Acércate al árbol y mira en el espejo. Ahora mira más profundamente, como si atravesaras su superficie. Métete dentro del reflejo. Al integrarte con tu propio reflejo, visualízate como eres en la actualidad. Mira tu rostro y tu cuerpo. Observa todos los detalles que puedas. Mientras observas tu imagen, concéntrate en todas las expectativas que otros depositaron sobre ti. Repara en los aspectos de tu vida en que necesitas ser perdonado. Repara en las personas que necesitas perdonar. Atrae hacia el reflejo todas aquellas situaciones por las que te sientas culpable.

Ahora introduce el amor. Visualiza a esas personas o situaciones y deposita en ellas tu amor. Mira la luz rosada del amor que surge del centro de tu corazón, y que toca a todos y a todo. Deja que el amor toque también cada parte tuya. Tú eres el amor. Tú estás hecho de amor.

Ahora apártate del espejo y visualízate de pie en tu jardín. Las flores tienen más color, son más grandes; los pájaros cantan alegremente a tu alrededor. El cielo está colmado con los colores del corazón y tú eres consciente de tu ser en tanto que entidad espiritual y amante, capaz de crear la vida que deseas. Mira al sol como si fuera tu reflejo. Eres la Luz. Ahora que lo has comprendido no volverás a ocultarla, pues necesita brillar y tocar a todos los que encuentre.

14

Para guiar a tus hijos

E hice un corral campestre,
Y manché el agua en claro,
Y escribí mis alegres canciones
Para alegrar a todos los niños.
—William Blake,
Introducción a *Songs of Innocence*

Una de las maneras más importantes de transformar el mundo es fomentar el crecimiento y la expansión en nuestros hijos. Como espíritus, nacemos en familias con las cuales hemos tenido muchos lazos kármicos. Cada miembro ha elegido a otro como parte de su plan de vida. Uno a uno, elegimos nuestros respectivos papeles: padre, madre, hermano, hija, tío, etcétera. Con cada jugador en su lugar, comienza el juego.

En el tóxico mundo actual, criar a un niño no es una tarea fácil. Los niños están expuestos a la violencia, las drogas y el sexo como nunca antes lo estuvieron. Los valores parecen haberse disgregado. Pero también es cierto que, al mismo tiempo, cuando las cosas parecen estar escapando a todo control, nos encontramos en un período de increíble potencial para la iluminación y la expansión. Los niños pueden desarrollar su capacidad mental con mucha más celeridad que nunca. El resultado es que hay seres más brillantes y más conscientes para continuar en el futuro. Cuando alguien decide tener hijos está en la obligación, no sólo de sustentar la vida en el plano físico, sino también de fomentar los cuerpos espiritual y emocional. En estos planos, el bebé es como una esponja psíquica que absorbe todas las impresiones presentes en el medio.

Por lo tanto, los padres deben entender que son responsables de los sentimientos e ideas que proyectan, pues esta energía pasa directamente a la psiquis infantil. Ese condicionamiento se lleva a la edad adulta como un equipaje. ¿Cuántos de nosotros seguimos escuchando los mensajes de nuestros padres, aun cuando están a kilómetros de distancia o ya hayan fallecido? Debido a nuestra interrelación mutua, debemos inculcar en nuestros hijos la dignidad, los valores y las prioridades mediante el ejemplo.

He trabajado con niños en muchas ocasiones: desde consejero de campamento a maestro y espiritualista; una y otra vez encuentro un rasgo común en mi trabajo con ellos: copian a sus padres. Los niños suelen repetir las frases y los actos de mamá y papá. Muchas veces, en mis sesiones, los problemas de inseguridad, falta de autoestima y desconfianza surgen de la crianza. En estas situaciones los padres no han cumplido con su responsabilidad.

Me gustaría compartir contigo algunas líneas orientadoras para criar a un niño en una atmósfera de enriquecimiento espiritual. Aunque las sugiero a los padres, creo que todos podríamos aplicarlas, ya seamos abuelos, tíos, maestros, líderes religiosos, niñeras o, simplemente, los vecinos de la casa contigua.

1. Fomenta y nutre la autoestima

Jamás destacaré demasiado la importancia de alimentar la autoestima. En mis sesiones, nueve de cada diez casos referidos a un suicidio o adicción a las drogas o al alcohol se originaban por falta de autoestima y de amor hacia uno mismo. ¿Qué punto de referencia tiene un niño, sino los actos y palabras de los adultos que lo rodean? ¿Cómo han de saber quiénes son? ¿Qué les decimos, qué pensamos de ellos, qué les hacemos? ¿Damos valor a sus intuiciones o los hacemos callar? Si los niños no tienen comprensión y participación afectiva en el hogar, las buscarán en cosas o personas ajenas a la familia: de eso podemos estar seguros. Se volverán hacia la televisión, las películas y los amigos, en busca de alguna pista de individualidad y afirmación. Cuando comienzan a identificarse con influencias exteriores ilusorias, la desilusión es inevitable. No sólo sufrirán un desencanto, sino que crecerán con actitudes y valores materialistas. La presión de sus congéneres les obligará a adoptar ciertas conductas a fin de ser aceptados y apreciados.

Sugiero que padres y parientes brinden a los niños tanto refuerzo positivo como sea posible. Debemos demostrarles amor. Cuando eran bebés eran abrazados, recibían caricias y sonrisas. Según vayan creciendo, no olvidemos abrazarlos y decirles que son queridos, sobre todo cuando van a la escuela y realizan actividades y adquieren amigos. Los elogios, la comprensión, la risa y el amor hacen que el niño se convierta, al crecer, en un adulto sano y lleno de recursos. Seamos todos una fuente de verdadera iluminación y guía para la generación más joven.

2. Conoce a tu hijo

Haz todo lo que puedas para participar de la vida de tu hijo. Si le gusta un tipo de música en especial, interésate, aunque "no la entiendas". Durante la semana, reserva algún tiempo para hacer algo con él. Toma nota de sus estados de ánimo y su conducta. Los padres deberían estar lo bastante atentos como para percatarse si el niño tiene un conflicto. Muchas veces, cuando el niño se mete en problemas, los padres reconocen que no sabían nada; estaban demasiado ocupados o eran tan indiferentes que no repararon en el cambio de conducta hasta que ya fue demasiado tarde. Presta atención, confía en el instinto y, sobre todo, dialoga con tus hijos. Ayúdalos a resolver sus dilemas. Esto, además de fomentar la unión, también reafirma la confianza.

3. SÉ SU GRAN AMIGO

Los amigos están siempre dispuestos a ayudar o a mostrar el camino. Con un amigo se puede discutir cualquier cosa. Como padre, es de esperar que conozcas a tus hijos hasta el punto de ser su mejor amigo. Háblales de un modo que puedan comprender, sin olvidar que eres el padre o la madre. Ayúdalos a elegir sanamente a sus amigos, sin juzgar ni condenar. Continúa fortaleciendo la confianza y el vínculo que se creó durante el proceso del nacimiento.

4. ENSÉÑALE RESPONSABILIDAD Y AUTORRESPETO

Esto va de la mano con la autoestima y la propia identidad. Es necesario que enseñes a tus hijos a ser responsables, y la mejor manera es predicar con el ejemplo. ¿Te haces responsable de tus actos o, indefectiblemente, pones la culpa en otra parte cuando algo sale mal?

Nuestro país se ha vuelto tan conflictivo que a menudo me pregunto si alguien quiere hacerse responsable de sus actos. Es preciso guiar a los niños para que aprendan las formas correctas y sanas de tratarse a sí mismos y de tratar a los demás. Ayúdalos a tomar decisiones sugiriéndoles cuáles pueden ser los resultados. Distingue entre los que serán beneficiosos y los perjudiciales. Nuestros niños lo captan todo, sobre todo lo que ven en televisión. Para enseñarles a ser responsables, comienza por asignarles pequeñas tareas. Una vez que las hayan cumplido, elogia los éxitos y analiza los fracasos de un modo positivo, para que puedan aprender de ellos.

5. MANTÉN LA MENTE ABIERTA Y LA CONCIENCIA DE LO ESPIRITUAL

He descubierto que los mejores padres son los que tienen la mente abierta y se interesan por cosas diversas; eso los dota de una comprensión más amplia para proporcionar orientación. Es importante que los padres compartan con sus hijos lo que han aprendido en sus experiencias de crecimiento.

Es frecuente que se niegue o se pase por alto la vida espiritual de los niños. Educa a tus hijos para que se den cuenta de que son seres espirituales, dedicados a aprender lecciones de autoconciencia. Si tienen "visiones", sueños o visitas de "amigos invisibles", no los descartes diciendo que son sólo sueños, por favor. Es necesario nutrir y aprovechar las visiones y los sueños. Pídeles que te los describan, aunque tú mismo no sepas de eso. Tal vez te sorprenda lo mucho que revela un sueño, una vez que comiences a escuchar. Los niños son muy sensibles y clarividentes. Sobre todo, nunca invalides ni desalientes este tipo de conducta.

6. RECUERDA QUE LOS NIÑOS TE OBSERVAN

La primera y mejor manera de enseñar a alguien es mediante el ejemplo. En otras palabras: enseñas mediante el modo en que tú mismo conduces tu vida. Los niños son grandes imitadores. Si quieres que tus hijos se consideren dignos de amor y respeto, tú mismo debes concederte ese trato. Para ellos, eres un espejo del mundo exterior, que debe mostrarles las cualidades y principios que deberían orientar su vida. Si bebes y consumes drogas, cabe esperar que tus hijos también lo hagan. Si lanzas contra otros maldiciones y palabrotas, tus hijos seguirán los mismos pasos. Y si te autoflagelas, vives deprimido o pasas todo tu tiempo trabajando o adquiriendo bienes materiales, sin detenerte en los asuntos espirituales, es probable que la astilla sea similar al palo. Cuando los padres dicen una cosa y hacen otra, no sólo confunden al niño, sino que acaban por perder su confianza.

7. ENSEÑA A TU HIJO A TENER FE EN SÍ MISMO

Una de las primeras cosas que un niño debe aprender es que vive en un mundo imperfecto.

Aunque para la mente humana la vida no sea siempre justa, en el plano espiritual todo sucede con un fin. Anima a tus hijos a aplicar su libre albedrío para cambiar lo que no les gusta, a fin de que el mundo sea un lugar mejor. Pero enséñales que, como nosotros, deben comenzar a cambiar desde dentro, desde su propia conciencia de Dios. Dales las claves espirituales de una vida feliz y satisfactoria.

8. CELEBRA LA INDIVIDUALIDAD

Inculca en tus hijos, desde el comienzo, la seguridad de ser distintos a todos los otros habitantes de este planeta. Los niños nacen con una sabiduría innata y talentos propios que Dios les ha dado. Esto, además de distinguirlos de los demás, los obliga a mirar el mundo a su manera. Puedes influir sobre alguna parte de su conducta, pero no podrás modelarlos ni configurarlos exactamente como tú desees. Nunca los compares con otra persona, pues eso les quiebra el espíritu.

Sobre todo, trata a tu hijo como si fuera una planta, una flor. En el niño está presente la semilla del "yo", pero al igual que cualquier planta o flor, necesita abono, agua, amparo y cuidados. La verás florecer en cuanto celebres su belleza y su vida. Honra la energía de la Fuerza Dios que todos compartimos. Con un poco de paciencia, diversión y aliento, verás brillar a tu hijo.

Fomenta su autoestima recordándole que es un ser único y especial, hecho del amor de Dios. Enriquece y celebra su individualidad y su presencia en la tierra.

15

Claves para una vida superior

Las vidas de los grandes hombres te recuerdan
Que puedes tornar sublime la tuya
Y, al partir, dejar tras de ti,
Huellas en las arenas del tiempo.
—Henry Wadsworth Longfellow,
"Resignation"

P oseemos todos los tesoros espirituales necesarios para llevar una vida plena, productiva y feliz, y estos ideales también pueden ayudarnos a alcanzar un estado de conciencia más elevado. Cuando despertemos a ellos nada nos faltará jamás, pues Dios es la abundancia personificada. Allá, en el cielo, hay una provisión ilimitada de amor y riquezas que podemos traer a la tierra.

Todos los días somos bendecidos por la presencia del espíritu en todo lo que encontramos. Me refiero al espíritu interior, que siempre satisface todas las necesidades y todos los deseos. A cada uno de nosotros, como individuo, le corresponde buscar la manera de beber en el espíritu. Lo que ponemos en movimiento regresa a nosotros. Recuerda que avanzamos siempre por un invisible mar de pensamientos. Dios nos dará siempre lo que pidan nuestros pensamientos. Si esos pensamientos habitan en la pobreza y la enfermedad, ésas serán las condiciones que atraigamos. Si elevamos las ideas a un plano de frecuencia más alta, cosecharemos armonía y abundancia. Se trata de una ley universal fija que no se puede cambiar.

¿Es natural que todos lleven una vida en total armonía y abundancia? En verdad, sí, así es. Quien no viva de ese modo debe reevaluar sus pensamientos para averiguar a qué se debe. A cada uno le incumbe pensar de la manera más positiva, a fin de ayudarse y ayudar a quienes lo rodean, ya sean seres amados o desconocidos.

El mundo exterior es un mero reflejo
del mundo que has creado dentro.

Eres el creador de tus propias circunstancias. Cuando entiendas esto, no volverás a ser víctima de ninguna situación. A continuación ofrezco algunas claves que pueden ayudarte a elevar tus pensamientos. A lo largo de los años las he utilizado como un mapa del tesoro para encontrarme a mí mismo. Espero que tú también aprendas a utilizarlas y hacer de ellas una parte integral de tu vida, a fin de abrir el cofre del tesoro interior.

CLAVES

Paciencia

En el mundo actual, la paciencia es una mercancía escasa. ¡Todo el mundo parece quererlo todo ahora mismo! La agresividad y las conductas impulsivas son valoradas, sobre todo en los negocios, en los deportes y en el entretenimiento. Pero cuando tratamos de que las cosas se hagan realidad, perdemos el tren espiritual, por así decirlo. Todo nos llega a su debido tiempo. No quiero decir que debamos ser apáticos o despreciar las oportunidades cuando se presentan. ¡Al contrario! Cuando posees paciencia, tienes el control de tu medio. Tú decides el momento adecuado para actuar y para no hacerlo, a fin de abarcar toda la variedad de posibilidades disponibles. La paciencia enseña autocontrol mediante la conservación de la energía. Con esta energía tienes la facultad de tomar decisiones que sean para tu bien. Siempre sugiero a los estudiantes practicar la meditación antes de actuar, para permitir que el espíritu se presente trayendo guía e información.

Lo cierto es que, si actúas o reaccionas con impaciencia, puedes tener un efecto adverso sobre una situación. A veces, el mejor curso de acción es no hacer nada: dejar que la situación madure y se desarrolle naturalmente. Cuando aprendas a ser más paciente, sentirás menos presiones y menos miedo, y tendrás mayor responsabilidad sobre las decisiones que tomes.

Sabiduría

Ser sabio es saber que la conciencia de Dios reside dentro de ti y que tienes a tu disposición todo el amor, la luz y el poder del infinito. A fin de ser sabio debes cobrar plena conciencia de las leyes del universo y vivir tu existencia de acuerdo con estas leyes universales. La sabiduría no se adquiere leyendo un libro, sino a través de las experiencias de muchas vidas. Cada experiencia queda grabada en la conciencia de tu alma, donde se perfeccionará a lo largo de tus diversas vidas en la tierra. Es una ironía de la vida que, cuanto más sabio te haces, más comprendes lo poco que sabes.

Valentía

Para ser valiente necesitas creer en ti mismo. No hablo de una actitud egocéntrica, sino de tener fe en el poder que hay dentro de ti.

Una persona valiente tiene conciencia del panorama más amplio y conoce el plan divino. Con fe y perseverancia, todos podemos tener el valor necesario para escuchar la voz interior y dejarnos guiar por ella. La persona dotada de valentía está dispuesta a abrir su corazón a otros y ser vulnerable ante los imprevisibles cambios de la vida.

Los valientes siempre son capaces de enfrentarse a los obstáculos, pues saben que siempre caben infinitas posibilidades. La valentía nos brinda la confianza necesaria para dejarnos guiar por el corazón, por muchas influencias exteriores que parezcan bloquearnos el camino.

Equilibrio

El equilibrio es otra cualidad que parece ausente en muchas existencias, en el acelerado mundo actual. Resulta bastante más fácil dejarse dominar por las partes inferiores del carácter y darnos importancia. Para poner equilibrio en la vida es necesario armonizar el yo material o terrenal con el yo espiritual. Cualquier exceso en una parte del ser —ya sea en lo emocional, lo mental, lo espiritual o lo físico— tiende a debilitarnos antes que a fortalecernos. Cuando un aspecto de tu vida está desequilibrado, tiendes a operar más por miedo que por amor.

Discernimiento

En la actualidad se necesita mucho discernimiento para ver la verdad en todas las cosas. Son demasiados los que se dejan atrapar por las ideas y los sentimientos de la conciencia masiva; los árboles les impiden ver el bosque. Cuando te apresuras a criticar y juzgar, sin conocer todos los aspectos de una situación, aprendes muy poco. Te sugiero preguntarte siempre qué hay detrás de una persona o una situación, a fin de asegurarte que exista una verdad espiritual en el núcleo.

Fe

Todos hemos oído la expresión "No perder la fe". Pero la fe es etérea y difícil de sujetar. Una vez más, es la seguridad de que se nos ha provisto para siempre de todo lo que deseamos y necesitamos. Tener fe es creer en la naturaleza invisible del universo. La fe va de la mano con la confianza. Cuando tienes fe en ti mismo y en Dios, sabes que estás seguro, que eres amado y que nunca estarás solo. Crees en tu naturaleza espiritual y sabes que todo es posible mediante el pensamiento creativo. Aprende a tener fe y a confiar en la luz de tu alma.

Creatividad

La creatividad es la facultad de formar ideas, sentimientos y expresiones que puedan transformar el mundo físico, de una u otra manera. Es un componente de la luz divina, de la que todos estamos hechos, y no se limita a artistas plásticos, músicos o escritores. Por tanto, todos somos creativos y podemos aplicar a todo esta energía divina, a fin de facilitar la vida. Siempre que haya un problema de relación, familiar, profesional, financiero o en cualquier aspecto de la vida diaria, tenemos la facultad de resolver la situación mediante nuestra chispa creativa innata. Dios es una generosa fuente de ideas y expresiones. Siempre hay una manera de aligerar la carga. La creatividad también da vida. Libera los bloqueos de energía de los diversos cuerpos y ayuda a poner la vida en equilibrio. Cuando usamos la creatividad estamos usando la energía de la Fuerza Dios en su manifestación más elevada, sobre todo cuando la utilizamos para el mayor bien de la humanidad.

Gozo y risa

Tendemos a equiparar espiritualidad con severidad. Pero ser una persona espiritualmente disciplinada no exige llevar una vida seria. Según he descubierto, la gente con sentido del humor goza de mayor alegría y la brinda a otros. Ver siempre el lado luminoso de las cosas ayuda a mantener vivo y feliz al niño interior. Si llevamos una vida llena de Dios, es natural que expresemos alegría, risa, entusiasmo y felicidad.

Después de todo, ¿por qué dar tanta importancia al denso mundo material? Recordemos que nuestro cuerpo espiritual es ligero y móvil; sólo el mundo físico es pesado y fijo. ¿Por qué empantanarse en condiciones terrenales temporales? Cuando descubrimos el humor y el placer en el mundo de Dios, experimentamos los gozos del espíritu.

Amor

El amor es el principal componente de la vida. Lo une todo. Atrae hacia nosotros todo lo que es bueno. Gracias al amor nos hacemos más conscientes y sensibles a las necesidades de la humanidad. Vemos la unidad, la integridad, la chispa de Dios en cada persona. Podemos comenzar por nuestros parientes, amigos y compañeros de trabajo. Podemos amarlos aun cuando creamos que han hecho algo malo. Podemos estar dispuestos a ayudarlos. Así es como demostramos nuestro amor.

El amor es lo más parecido al cielo que tenemos en esta tierra. Es una demostración de Dios. Este poder divino, consolador y curativo es el elemento con que se construye todo en esta tierra. Sin él no tenemos nada. Dejamos de existir.

El camino espiritual no siempre será llano; es inevitable que esté lleno de desvíos y callejones sin salida. Pero recuerda que nunca viajas solo por él. Siempre están contigo tu familia iluminada y los guías del mundo espiritual para proporcionarte seguridad y orientación.

Estás aquí para manifestar el amor de Dios en todo lo que hagas. Muchas veces parecerá más fácil dejarse llevar por los deseos del yo inferior, pero debes ser paciente. No sucumbas al oleaje de la conciencia masiva. Busca la verdad, aun cuando muchos intenten atiborrarte de falsedades la cabeza y el corazón. No comprometas nunca tus ideales espirituales, pues eso dificulta tu avance. Recuerda siempre que eres un eterno hijo de Dios.

Por encima de todo, déjate guiar por tu corazón y sé fiel a ti mismo. Nunca vivas la vida de otro. Debes crear tu propio camino. Recuerda que tienes la responsabilidad de ser lo mejor que puedas; para eso, mantén la mente y el corazón abiertos a los aspectos más elevados del ser. Eres la luz. Ojalá te llenes de espíritu durante el viaje.

Utiliza tu conciencia espiritual para alentar y consolar a otros. Cuando elevamos, esclarecemos y amamos al prójimo, ayudamos a quienes están enjaulados por sus propias ilusiones, juicios y conceptos erróneos. Les mostramos las claves de su propia y bella luz interior.

Proyecta tu luz hasta los últimos rincones del mundo, para que todos la vean. Cuando lo hagas tu viaje por aquí habrá valido la pena. Entonces podrás volver al cielo con la seguridad de haber hecho tu parte para traer a la tierra la energía de Dios. Sabrás que tú, una sola alma, ha hecho del mundo un lugar mejor.

Bibliografía

Bendit, L.J. *The Etheric Body of Man: The Bridge of Consciousness*. Wheaton, Illinois: Theosophical Publishing House, 1982.

Besant, Annie, *Man and His Bodies*. Wheaton, Illinois: Theosophical Publishing House, 1912.

Edwards, Harry: *Life in Spirit*. Gran Bretaña: Harry Edwards Spiritual Healing Sanctuary Trust, 1976.

Goldsmith, Joel S. *Living Between Two Worlds*. Austell, Ga.: I-Level Publications, 1974.

Guiley, Rosemary Ellen: *Harper's Encyclopedia of Mystical and Paranormal Experiences*. Nueva York: HarperCollins, 1991.

Hall, Manly Palmer. *Reincarnation: The Cycle of Necessity*. Los Ángeles: Philosophical Research Society, 1946.

Hampton, Charles. *The Transition Called Death*. Illinois: Theosophical Publishing House, 1982.

Kardac, Allen. *Book on Mediums*. Boston: Colby and Rich, 1874.

Lewis, James R. *Encyclopedia of Afterlife Beliefs and Phenomena*. Detroit: Gale Research, 1994.

Montgomery, Ruth. *A World Beyond*. Greenwich, Conn.: Fawcett, 1971.

Perkins, James, S. *Through Death to Rebirth*. Wheaton, Ill.: Theosophical Publishing House, 1982.

Riland, George. *The New Steinerbooks Dictionary of the Paranormal*. Nueva York: Rudolf Steiner Publications, 1980.

Wambach, Helen. *Life Before Life*. Nueva York: Simon & Schuster, 1988.

Weiss, Brian L. *Many Lives, Many Masters*. Nueva York: Simon & Schuster, 1988.

White Eagle. *Spiritual Unfoldment 3: The Way to Inner Mysteries*. Gran Bretaña: White Eagle Publishing Trust, 1987.

Whitton, Joel L., y Fisher, Joe. *Life Between Life*. Nueva York: Warner, 1986.

Zubko, Andy. *Treasury of Spiritual Wisdom*. San Diego: Blue Dove, 1996.

Para mayor información con respecto a James Van Praagh, puede consultar su sitio en Internet: www.VanPraagh.com

O escribirle a:

Spiritual Horizons, Inc.
P. O. Box 60517
Pasadena, California 91116